FERDINAND MEYER-BELITZ

Schöne alte Dampfschiffe

Die Geschichte der Dampfschiffahrt
mit über 100 Abbildungen

GONDROM VERLAG BAYREUTH

Vorbemerkungen

Bildnachweis:
Bleuler/Bavaria: 18 (2), 22. Fiore/Bavaria: 33. Hamilton/Bavaria: 17. Interfoto/Bavaria: 23 oben. Jeiter/Bavaria: 58 oben. Lüden/Bavaria: 76. Rauch/Bavaria: 58 unten. Winter/Bavaria: 61 unten. Franz Brunner jr., Böblingen: 9, 32 Mitte, 40/41, 48 oben links, 53 (3), 64, 65 (2) 69. Herbert Grohmann, Tübingen: 30 oben, 59 links, 62, 66 oben, 67 oben links, 74, 75 oben. Claus Hansmann Foto, Stockdorf: 5, 12/13, 16, 21, 61 oben, 72/73. Hapag-Lloyd AG, Hamburg: 4 oben, 38 Mitte, 44, 45 (3), 46 oben, 47 unten, 48 rechts oben, 54 (2), 55, 67 unten. Köln-Düsseldorfer Deutsche Rheinschiffahrt AG: 26 unten, 27 rechts unten, 28. Deutscher Marinebund e.V., Laboe: 4 unten. The National Gallery, London (Reproduced by courtesy of the Trustees): 57. Sammlung Walter Reiser: 1, 49 oben, 60. Deutsches Schiffahrtsmuseum, Bremerhaven: 49 unten, 52, 77 (2), 80. Photo Science Museum, London: 10, 11 oben, 14 oben, 19 oben, 23 unten, 27 oben, 38 unten, 39 oben, 47 oben, 50/51, 63, 67 oben rechts, 70, 75 unten, 78, 79. Crown Copyright. Science Museum, London: 11 unten, 15 unten, 30/31 unten, 38 oben, 43 unten, 46 unten, 71. Lent to Science Museum London by National Maritime Museum: 35 oben. Lent to Science Museum, London by The late John Scott Russell: 43 oben. The Tate Gallery, London: 25.

Inhalt

Reihe »Schöne alte ...«
Gesamtproduktion: intermedia produktions-medienservice-ipm GmbH
Redaktion: Dr. Teresa Müller
ISBN: 3-8112-0130-1

Einleitung

Die Erfindung und stetige Vervollkommnung des Dampfschiffs hatte nicht nur eine technische Revolution im Schiffbau zur Folge, sondern auch Schiffahrt und Seewesen in ungeahnten Ausmaßen umgestaltet. Alte Verkehrsschranken wurden gebrochen, der Güteraustausch steigerte sich sprunghaft in Wert und Umfang, und Länder und Völker traten über den Ozean hinweg in enge Verbindungen. Auch die internationale Arbeitsteilung ist ohne das Dampfschiff kaum denkbar. Trotz der sehr hohen Anschaffungskosten hatte sich das Dampfschiff als rentabler als das Segelschiff erwiesen und konnte einen sicheren und schnellen, von Wind und Wetter unabhängigen Personen- und Güterverkehr garantieren. Aus den anfänglichen Gelegenheitsfahrten entwickelten sich bald regelmäßige Linien nach Fahrplan, die die Weltmeere gleich einem Eisenbahnnetz überspannten. 1824 wurde der erste regelmäßige Dampferverkehr zwischen London, Hamburg und Rotterdam eröffnet, 1837 folgte die Linie London – Lissabon – Gibraltar, die sich 1842 bis Alexandrien erweiterte und eine Fortsetzung in der Linie Suez – Kalkutta erhielt und seit 1844 über Suez und Bombay bis China erweitert wurde. Zwischen Amerika und Europa bestehen seit 1840 regelmäßige Dampferverbindungen. Die Linie London – Kapstadt – Kalkutta wurde 1852 eröffnet und die Linie London – Kapstadt – Australien 1856. Um die Jahrhundertwende konnten von Europa aus über 250 überseeische Haupthäfen im regelmäßigen Linienverkehr angelaufen werden.
Große Bedeutung erlangten die Dampfschiffe im internationalen Postverkehr, vor allem im Überseehandel. Die Regierungen aller seefahrenden Nationen unterstützten die Einrichtung eigener Post- und Schnelldampferlinien durch Schiffsbau- und Reiseprämien sowie nicht unerhebliche Subventionen, die in der scharfen Konkurrenz das Überleben sichern mußten. Im Jahre 1903 beliefen sich die staatlichen Subventionsgelder in Frankreich auf 21 Millionen, in England auf 15,1 Millionen, und in Deutschland auf 6,95 Millionen (jeweils in Reichsmark).
Mit den schwarzen Rauchwolken der Dampfschiffe war eine neue Ära heraufgezogen, die nicht nur die größte technische Revolution in der Geschichte der Schiffahrt bedeutete, sondern auch die jahrhundertealte und bis dahin unangetastete Tradition der Seefahrt von Grund auf veränderte.

Die Anfänge

Schon jahrtausendelang nutzte die Menschheit Wasserwege zu Fortbewegung und Transport, aber jahrtausendelang waren die einzigen Mittel, um Schiffe fortbewegen zu können, Riemen und Segel, der Einsatz von Muskeln oder der Wind. Darauf bedacht, die körperlichen Anstrengungen auf ein Minimum zu reduzieren, entwickelten die Menschen viel Phantasie, um sich den Wind nutzbar zu machen. Doch mit der Verwendung des Windes als Antriebsmittel stellten sich neue Probleme. Oft konnten Schiffe tagelang den Hafen nicht verlassen, wenn der Wind von See her wehte oder sie trieben bei Flaute hilflos auf offenem Meer. Die Schiffe wurden größer und besser, die Takelung immer ausgefeilter und komplizierter, doch die Abhängigkeit blieb. Der Wind bestimmte, wann und wohin man fuhr. Es war also nur konsequent, daß sich das Denken schon früh auf einen mechanischen Antrieb konzentrierte, der aber erst durch die Nutzbarmachung des Dampfes möglich wurde.
Die Eigenschaften des Dampfes sind schon lange bekannt. Bereits ägyptische Priester sollen seine Wirkung gekannt haben. Überlieferungen aus dem 3. Jahrhundert v.Chr. schreiben dem griechischen Mathematiker und Physiker Archimedes die Konstruktion einer Dampfkanone zu und Heron von Alexandrien (ca. 130 v.Chr.) erste Experimente zur mechanischen Nutzung des Dampfes. Die große Kraft, die mit Wasser und Feuer erzeugt werden kann, wies Leonardo da Vinci mit seinem »archituono« (Erzdonner) nach, doch die technische Nutzung gelang erst dem französischen Physiker Denis Papin. Auf der Flucht von Frankreich nach London entwarf er den Plan für ein dampfgetriebenes Schiff und wird von Arago zu Recht als der eigentliche Erfinder des Dampfschiffes bezeichnet.
Um 1690 war es Papin gelungen, mit Wasserdampf einen Kolben in Bewegung zu setzen, der nach Abkühlung mit Wasser durch den atmosphärischen Luftdruck wieder nach unten gedrückt wurde. Im Jahre 1698 – er war mittlerweile nach Kassel übergesiedelt – baute er für den Landgrafen von Hessen seine erste Dampfmaschine. 1707 schien er dem Ziel seiner kühnen Pläne schon sehr nahe zu sein. Er konstruierte ein Boot mit Schaufelrädern, das auf der Fulda erprobt wurde. Er selbst schreibt über diesen Versuch: »Die Kraft der Strömung war im Vergleich zu der Kraft meiner Räder so schwach, daß man kaum erkennen konnte, daß es flußabwärts schneller fuhr als flußaufwärts.« Auf dem Boot war tatsächlich ein kleiner Dampfkessel montiert, der Rauchwolken ausstieß, weshalb es oft als das erste funktionstüchtige Dampfschiff angesehen wird. Die Räder wurden jedoch über Handkurbeln angetrieben. Die Fahrt von Kassel nach München diente wohl für Studien zur Antriebstechnik. Seinen Plan, das Boot weiterzuentwickeln und mit Dampfkraft über Fulda und Weser nach England zu fahren, konnte Papin allerdings nicht mehr verwirklichen. Ein paar Weserschiffer zertrümmerten sein Fahrzeug, da sie ihre Schiffahrtsprivilegien in Gefahr sahen.
Das erste Patent auf ein Dampfschiff bekam am 21.12.1735 der Uhrmacher Jonathan Hulls aus Gloucestershire. Er hatte die technischen Erfindungen der letzten Jahre aufmerksam verfolgt und glaubte sich in der Lage, eine Maschine »zum Transport von Fahrzeugen und Schiffen aus oder in jeden Hafen oder Fluß« konstruieren zu können, die auch gegen Wind und Flut

Die »Hammonia« und die »Borussia«. Beide wurden für die »Hapag« bei Caird and Co. in Greenock gebaut.

In den Anfängen der Dampfschiffahrt waren die Kriegsschiffe voll getakelt, wie die französische »L'Océan«.

Ein Raddampfer auf dem Missouri. Die Flußschiffahrt forderte von Kapitän und Lotsen große Geschicklichkeit.

Links: Papinscher Topf. Vorläufer des Dampfkochtopfes.

Rechts: Feststehende Dampfmaschine von Newcomen.

ankam und für die königliche Marine und die Handelsschiffahrt von großem Nutzen sein sollte. 1736 veröffentlichte er seine Konstruktionspläne für ein Dampfschleppboot, das mit einem Schaufelrad am Heck ausgestattet sein sollte. Als Kraftquelle war eine atmosphärische Maschine von Newcomen mit einem stehenden Zylinder von 76,2 cm Durchmesser vorgesehen. Aber Hull's Boot wurde nie gebaut. Die Öffentlichkeit hatte an seiner Erfindung kein Interesse, und in seinem Heimatort liefen die Kinder hinter ihm her und sangen Spottverse.

Doch die Idee, ein Schiff ohne Muskelkraft oder Wind voranzutreiben, ließ sich nicht mehr aus der Welt schaffen. Sie fieberte in den Köpfen einiger Erfinder, die nächtelang über ihren Ideen brüteten. Die offiziellen Wissenschaften dagegen taten sich mit diesen Vorstellungen noch etwas schwer. 1753 veranstaltete die französische Akademie ein Preisausschreiben, zu dem Abhandlungen über dieses Thema eingereicht werden konnten. Der Sieger war ein gewisser Daniel Bernoulli, ein Schweizer, der zu der Schlußfolgerung kam, daß Dampf als Antriebskraft unbrauchbar war. Ausführlich erläuterte er, daß diese neue Maschine von Newcomen nicht in der Lage sei, einem Schiff eine größere Geschwindigkeit als höchstens zwei Knoten zu verleihen. Doch schon sechzehn Jahre später hatte die Realität die »Wissenschaft« überholt. Der Feinmechaniker James Watt meldete 1769 eine Dampfmaschine zum Patent an, die als Weiterentwicklung des Newcomenschen Prinzips den Dampf nicht mehr im Arbeitszylinder kühlte, sondern in einem separaten Kondensator, und damit wesentlich leistungsstärker war. Später sollte eine Maschine dieses Typs auf der »Clermont« Robert Fultons der Dampfschiffahrt zum endgültigen Durchbruch verhelfen.

Der erste Versuch, ein funktionstüchtiges Dampfschiff zu bauen, wurde von Comte Joseph B. d'Auxiron unternommen. Zwei Jahre baute er an einem Schiff, das mit einer zweizylindrigen atmosphärischen Dampfmaschine ausgerüstet war. Im September 1774 unternahm er die ersten Probefahrten, doch das Schiff sank noch im selben Monat. Über die genauen Ursachen dieses Unglücks gab es nur Vermutungen, wahrscheinlich sank es »... infolge des Gewichts der atmosphärischen Maschine und des Kessels«.

1775, knapp ein Jahr nach dem Mißerfolg von d'Auxiron, wagte wieder ein Franzose, J.C. Perrier, einen neuen Versuch. Seine Dampfmaschine entwickelte mit einem Zylinder von 20,3 cm Durchmesser etwa eine Pferdestärke und trieb zwei Räder an, jedes an einer Seite des Bootes angebracht. Das Boot war zwar nicht sehr groß, trotzdem reichte die Kraft der Maschine nicht aus, es die Seine flußaufwärts zu bewegen. Nichtsdestotrotz wurde Perrier bestätigt, daß sich sein Schiff als erstes auf der Welt nur per Dampfantrieb fortbewegt hatte.

Gemessen an diesen Versuchen gelang dem Marquis Claude-François Dorothée Jouffroy d'Abbans im Jahre 1778 ein richtiger Durchbruch. Auf dem Doubs legte der Pariser Ingenieur mit einem 13 Meter langen Boot eine kürzere Strecke zurück. Aber die Antriebstechnik – Schwimmfüßen nachempfundene Paddel auf beiden Seiten des Bootes mit Ketten durch zwei Maschinen des Newcomenschen Typs angetrieben – erwies sich als noch nicht ausgereift. Er machte sich von neuem ans Werk und baute in fünfjähriger Arbeit die »Pyroscaphe«, ein 45 Meter langes Schaufelradschiff mit einer Verdrängung von 182 Tonnen. Es war ganz aus Holz und hatte eine liegende, doppeltwirkende Maschine, die über eine Getriebestange auf die Schaufelräder wirkte. Der Zylinderdurchmesser betrug 65 cm, der Hub 195,6 cm. Am 15. Juli 1783 fuhr die »Pyroscaphe« in der Nähe von Lyon eine gute Viertelstunde gegen die Strömung der Saône und kann damit als das erste erfolgreiche Dampfschiff angesehen werden. Für d'Abbans stand bei diesem Versuch sehr viel auf dem Spiel. König Ludwig XVI. hatte demjenigen, dessen Erfindung von der Französischen Akademie als erfolgreich anerkannt werden sollte, ein fünfzehnjähriges Monopol für die Dampfschiffahrt auf allen Flüssen Frankreichs in Aussicht gestellt. Die Vertreter der Akademie waren von d'Abbans eingeladen worden, die Probefahrt selbst zu erleben, doch der Ort des Geschehens war ihnen zu weit von Paris entfernt, um sich persönlich dorthin zu begeben. Trotzdem verfasste die Akademie einen offi-

ziellen Bericht, aus dem hier zitiert sei: »Die Fahrt von Lyon, die auf eine Viertelstunde reduziert und nicht wiederholt wurde, war unzureichend und läßt kein Urteil zu, solange keine beweiskräftigere Demonstration stattfindet, die nach Maßgabe des Ministers darin zu bestehen hat, daß ein Schiff, beladen mit 300.000 Pfund Steinen, die Seine aufwärts mehrere Orte passieren muß.« Jouffroy d'Abbans bekam kein Monopol. Enttäuscht stellte er seine Experimente ein. Nach den Wirren der Französischen Revolution hoffte er nochmals, das schon aufgegebene Ziel erreichen zu können. 1816 konstruierte er die »Charles Phillipe«, aber auch dieses neue Unternehmen brachte ihm kein Glück.
Auch in anderen Ländern arbeitete man an der Entwicklung von dampfbetriebenen Schiffen. Wegweisende Konstruktionen wurden vor allem aus der Neuen Welt bekannt. 1787 fuhr James Rumsey, ein Kaufmann, mit einem durch eine Kraftpumpe angetriebenem Dampfboot 6,5 km den Potomac flußaufwärts. Im gleichen Jahr, am 22. August, dampften John Fitch und der deutsche Einwanderer Johann Voigt mit einen neun Tonnen schweren Schiff, das sie gemeinsam entwickelt hatten, den Delaware hinauf. Das Schiff wurde von zwölf Riemen, auf jeder Seite des Schiffes sechs, angetrieben. Mittels Rad und Achse bewegt, tauchten sie abwechselnd ins Wasser. Mit ihnen erreichte das Schiff immerhin eine Geschwindigkeit von rund 3 Knoten. Die Jungfernfahrt war mit großer Spannung erwartet worden, und eine riesige Menschenmenge hatte sich eingefunden. Am Ufer stand eine Postkutsche, das altbewährte Transportmittel, die mit dem Schiff den Vergleich aufnehmen sollte. Sie fuhr die Straße am Fluß entlang und war schneller.
Fitch und Voigt machten sich sofort wieder an die Arbeit. Fitch war fest davon überzeugt, daß das Dampfschiff die Postkutsche ablösen konnte, aber dazu waren

Diese alte Hafenansicht von Bordeaux zeigt einen der typischen Raddampfer, wie sie zu Anfang überall in Europa und der Kanalschiffahrt eingesetzt waren.

noch einige Verbesserungen auszuführen. Schon im folgenden Jahr nahm Fitch ein neues Schiff in Betrieb, die »Perseverance«. Sie war mit einem Paddel am Heck ausgerüstet und erreichte eine Höchstgeschwindigkeit von über 5 Knoten. Am 12. Oktober 1788 fuhr sie mit 30 Passagieren an Bord in drei Stunden und 20 Minuten von Philadelphia nach Burlington, eine Strecke von 20 Meilen. Noch im gleichen Jahr erwirkte Fitch das Recht, in Pennsylvanien als einziger Dampfboote bauen und kommerziell nutzen zu dürfen. Im Jahr danach stellte Fitch für den Passagierverkehr auf dem Delaware einen dritten Dampfer in Dienst. Er verkehrte nach einem festen Fahrplan. Die Strecke führte von Philadelphia über Burlington, Bristol und Bordentown nach Trenton und wieder zurück. Wenige Zeit später folgte sein viertes Schiff. Da sich die Quellen über diese beiden letzten Schiffe, die »Experiment« und die »Thornton«, uneinig sind, läßt sich nicht mehr eindeutig klären, welches von beiden Schiffen mit einer stärkeren Maschine ausgerüstet war. Mit dieser stärkeren Maschine erreichte Fitch die damalige Rekordgeschwindigkeit von etwa 8 Knoten. Die »Experiment« unternahm im Sommer 1790 zwar 14 Fahrten, aber die Konkurrenz der Postkutschen auf dem Lande war noch zu groß, die Dampfschiffahrt zu unrentabel. Fitch mußte sein Unternehmen schließlich mit Verlust aufgeben.

Etwa um die gleiche Zeit befaßte sich in England Patrick Miller mit dem Schaufelradantrieb. Er unternahm Versuche, ein Schiff über ein Gangspill per Handantrieb voranzutreiben, mußte aber feststellen, daß diese Antriebsart für die Mannschaft zu anstrengend war. Er wollte seine Experimente schon einstellen, als er William Symington kennenlernte, der Dampfmaschinen konstruierte. Ein Funkte sprang über, und sie taten sich zusammen. Miller sorgte für die notwendigen finanziellen Mittel und gab Symington den Auftrag, eine Maschine zu entwickeln, mit der Schiffe angetrieben werden konnten. Zwei Tage nach der Fahrt der »Perseverance« des John Fitch ließen Symington und Miller ihr Boot auf dem See von Dalswinton bei Dumfries zu Wasser. Es war mit einer zweizylindrigen Maschine, ähnlich der von Newcomen, ausgerüstet, hatte zwei Rümpfe, in der Mitte zwei Schaufelräder, die über Ketten und Zahnräder angetrieben wurden und entwickelte eine Geschwindigkeit von etwa 5 Knoten. Das Schiff war immerhin so tauglich, daß es 1789 eine Fahrt nach Schweden unternehmen konnte.

Symington rühmte sich, daß seine Maschine stärker wäre als die von Watt und trotzdem weniger Brennstoff zum Feuern verbrauchte. Ganz aus den Wolken gegriffen waren diese Behauptungen nicht, aber er hatte mit der Anbringung eines separaten Kondensators die Patentrechte Watts verletzt, der darauf mit gerichtlichen Schritten drohte. Als Konsequenz entzog Miller Symingtons Projekt die finanzielle Unterstützung. Der machte sich auf die Suche und fand bald einen neuen Geldgeber, Lord Dundas of Kerse. In der Zwischenzeit waren auch die Patentrechte Watts erloschen, so daß Symington 1801 im Auftrag seiner Lordschaft einen hölzernen Schlepper baute, der die Treidelpferde entlang des Forth-and-Clyde-Kanals ersetzen sollte. Das kem Gegenwind schleppte sie sechs Stunden lang zwei 70-Tonnen-Schuten über eine Strecke von 31 Kilometern. Aus Angst, daß die Wellenm, die das Schiff hinter sich herzog, die Ufer des Kanals unterspülen könnten, forderten die Eigentümer der Wasserstraße, den Einsatz des Dampfschleppers zu unterlassen. Andere Zweifler hielten die Technik für den Dauerbetrieb für noch nicht ausgereift. Als dann noch Lord Dundas das Zeitliche segnete, wurde das Projekt eingestellt, die »Charlotte Dundas« 1861 abgewrackt.

Genau wie die Schiffe von Fitch, hatte auch Symingtons

Fitchs Boot hatte an jeder Seite 6 Paddel und wurde von einer Einzylindermaschine angetrieben. Es war auf dem Delaware eingesetzt, war jedoch zu langsam, um die Konkurrenz mit der Postkutsche aufnehmen zu können.

Schiff wurde nach der Tochter des Mäzens »Charlotte Dundas« getauft. Da man befürchtete, daß Schaufelräder an den Seiten die Ufer des Kanals beschädigten, wurde es mit einem Heckrad ausgerüstet, das mit einem Kasten abgedeckt war. Angetrieben wurde das Heckrad durch eine Maschine mit liegendem, doppeltwirkendem Zylinder von 56 Zentimeter Durchmesser, der 10 PS entwickelte. Der Zylinder war backbords montiert, der Kessel steuerbords, Kondensator und Luftpumpe unter Deck. Eine bautechnische Besonderheit waren außerdem die beiden Steuerruder. Im März 1802 unternahm die »Charlotte Dundas« ihre erste Probefahrt. Bei star- Schleppdampfer seinen praktischen Nutzen bewiesen, aber auch er konnte sich noch nicht durchsetzen. Dies sollte erst Robert Fulton gelingen, dem Sohn eines kleinen pennsylvanischen Farmers. Robert Fulton hatte Kunst studiert, aber seine Leidenschaft galt allen technischen Dingen. Als die »Charlotte Dundas« ihre aufsehenerregende Schleppfahrt absolvierte, stand Fulton am Ufer des Forth-and-Clyde-Kanals. Begeistert von dem, was er gesehen hatte, faßte er den Entschluß, sich der Konstruktion und dem Bau dieses Verkehrsmittels zuzuwenden. Der Plan, ein Unterwasserschiff, die »Nautilus« zu bauen, führte ihn nach Paris. Dort schloß er Freundschaft mit dem amerikanischen Botschafter Robert R. Livingston, der von der Zunkunft der Dampfschiffe überzeugt war. Livingston öffnete ihm Geldquellen und Kontakte, die Fulton ein intensives Studium ermöglichten. Er wollte die Fehler seiner Vorgänger vermeiden. In den Werkstätten von Watt und Boulton studierte er Dampfschiffe; die »Charlotte Dundas« verschaffte ihm grundlegende Kenntnisse in der Schiffsbautechnik; die Gestaltung der Schiffskörper rück und fand in der amerikanischen Heimat aufgeschlossenere Förderer. Er gab einen flachbodigen Rumpf mit 100 Tonnen Wasserverdrängung in Auftrag, in den auf einem gemauerten Fundament ein Kupferkessel für 0.35 at eingebaut wurde, und ließ sich von Watt eine 70 Zentimeter-Einzylindermaschine mit 1,2 Metern Hub und 20 PS Nominalleistung bauen, die er mit Genehmigung der englischen Regierung nach Amerika exportieren durfte. Die beiden seitlich angebrach-

Der 1801 von William Symington erbaute hölzerne Dampfschlepper »Charlotte Dundas« hatte eine 558 mm Einzylindermaschine und wurde auf dem Forth and Clyde Kanal erprobt.

lernte er bei Beaufoy, und den Wasserrohrkessel übernahm er von Joel Barlow, der ihn 1793 in Paris hatte patentieren lassen. Im Januar 1803 legte er dem Pariser »Conservatoire des Arts et Métiers« seine Pläne zum Dampfantrieb von Schiffen vor, und nur ein paar Monate später war sein erstes Schiff bereit zur Probefahrt. Der Tag zog mit schlechtem Wetter auf, aber Fulton wollte die Fahrt nicht verschieben. Im aufkommenden Sturm zerbrach das kleine Dampfschiff und sank. Mit einiger Mühe gelang es Fulton, die Maschine zu bergen, die er in ein anderes Schiff einbaute. Am Morgen des 9. August 1803 führte er einer begeisterten Menschenmenge auf der Seine sein neues Dampfschiff vor. Doch eingedenk des mißglückten ersten Versuchs waren die offiziellen Kreise Frankreichs wieder einmal nicht vom Nutzen dieser Erfindung zu überzeugen.

Fulton ließ sich durch die Ablehnung nicht entmutigen, zu sehr glaubte er an die Zukunft der vom Wind unabhängigen Schiffe. 1806 kehrte er nach New York zuten Schaufelräder hatten einen Durchmesser von 4,57 Meter. Nach ersten Versuchen ging »The Steamboat«, wie das Schiff hieß, am 17. August 1807 auf Probefahrt zwischen Albany und New York. Bei Gegenwind erreichte es eine Geschwindigkeit von 4,5 Knoten. Die Hinfahrt dauerte 32 Stunden, die Rückfahrt, ebenfalls bei Gegenwind, so daß wiederum keine Segel gesetzt werden konnten, dauerte zwei Stunden weniger. Nach der erfolgreichen Probefahrt begann am 4. September 1807 die erste kommerzielle Passagierfahrt. Im Winter wurde »The Steamboot« nochmals umgebaut und vergrößert und die Schaufelräder durch stabile Kästen geschützt. Offiziell hieß es, um die Passagiere vor Spritzwasser zu schützen. In Wirklichkeit dürfte der etwas ungastliche Empfang ausschlaggebend gewesen sein, den die Postsegelschiffe dem Dampfboot bereitet hatten. Die Befürchtung, daß die Postschiffer alles unternehmen würden, um die gefürchtete Konkurrenz auszuschalten, war nicht aus der Luft gegriffen und die

Fultons »Clermont« war das erste kommerzielle erfolgreich eingesetzte Dampfschiff. Sie hatte 100 t Wasserverdrängung und erreichte auf ihrer Probefahrt von Albany nach New York eine Geschwindigkeit von 4,5 km.

Die »Comet« wurde nach Plänen von Henry Bell erbaut und war das erste dampfbetriebene Frachtschiff in Europa.

empfindlichen Schaufelräder sollten so vor Rammstößen bei »Unfällen« geschützt werden. Im Frühjahr 1808 nahm das Schiff, in der Zwischenzeit als »North River Steamboot of Clermont«, kurz »Clermont« zugelassen, wieder den regelmäßigen Passagierdienst auf. Nach dem Umbau mit Platz für 100 Passagiere wurde die »Clermont« das erste kommerziell erfolgreiche Dampfschiff. Fulton hatte damit erreicht, was vor ihm keinem gelungen war: er hatte über Jahre eine Monopolkonzession für die Flußschiffahrt.

Mit Robert Fulton hatten sich in Amerika auch andere an den Bau von Dampfschiffen gewagt. John und Robert L. Stevens, Vater und Sohn, ließen am 9. April 1808 in Hoboken im Staate New York die »Phenix« vom Stapel. Da bei Fultons Monopolstellung das Schiff nicht in der Binnenschiffahrt eingesetzt werden durfte, kommt ihm unfreiwillig das Verdienst zu, das erste Dampfschiff zu sein, das auf dem Atlantik fuhr. Im Juni machte es sich auf die Reise von Hudson nach Philadelphia. Wegen verschiedener Schäden dauerte diese Fahrt ganze 13 Tage. Mit seinen zwei Masten war es als Schonerbrigg getakelt. Ursprünglich mit zwei Zylindern ausgestattet, wurde es später auf einen Dampfzylinder umgerüstet, außerdem bekam es verbesserte Räder mit vertikalen, drehbaren Schaufeln. 1814 sank die »Phenix« bei Trenton. Ihr frühes Ende scheint das Mißtrauen zu rechtfertigen, das der Kapitän der ersten Ozeanreise bezüglich ihrer Seetüchtigkeit hegte. Schon bei leichter Dünung ließ er die Anker werfen. Er hieß Moses Rogers und führte später die berühmte »Savannah«.

In England beschäftigte sich der Schotte Henry Bell aus Torphichen mit der Konstruktion von Dampfschiffen. Auch er studierte ausgiebig die »Charlotte Dundas« und pflegte Kontakte zu Symington und Fulton. Im Jahre 1800 waren seine Vorarbeiten soweit gediehen, daß er der britischen Admiralität Vorschläge für den Bau von Dampfschiffen unterbreiten konnte. In der Kommission der Admiralität saß Horatio Nelson, schon damals volkstümlichster Seeheld der Engländer, der ein überzeugendes Plädoyer über die Zukunft von dampfbetriebenen Schiffen hielt und am Schluß seiner Rede einen beschwörenden Appell an die Adresse der versammelten Admiräle richtete: »Meine Lords und ehrenwerte Herren, Sie können Mr. Bells Pläne ablehnen, aber dann werden andere Nationen kommen und auf die Dauer jeden Nerv dieses Empires treffen!« Henry Bells Pläne wurden abgelehnt. Ohne Geldgeber brachte er schließlich selbst genügend Kapital zusammen, um auf der Werft von John Wood & Co. in Glasgow ein Schiff bauen zu lassen. Doch nach seiner Ablehnung durch die Admiralität hatte er nichts Großes mehr im Sinn. Bell war Gastronom, und das Schiff sollte nur den Gästestrom zu seinen Hotel verbessern. 1812 lief die »Comet« vom Stapel. Sie hatte einen Kessel und eine Maschine des Watt-Typs mit 4 PS und erreichte mit ihren zwei Seitenrädern eine Geschwindigkeit von 6,5 Knoten. Am 5. August 1812 nahm sie zwischen Glasgow, Greenock und Helensburgh den regelmäßigen

Die Ex Voto Tafel zeigt ein Dampfschiff in Seenot.

Die Angst vor den rauchenden Kästen war nicht ganz unbegründet, da es noch oft zu Unfällen kam.

Die »Elise« legt salutschießend in Paris an. Ihre Spanten sollen bis 1888 an der Seine gelegen haben.

Rechts die legendäre »Savannah«, die als erstes Dampfschiff den Atlantik überquerte.

Passagierdienst auf. Die einfachen Kajüten kosteten drei Schillinge, die besser ausgestatteten Erste-Klasse-Kabinen vier Schillinge. Die »Comet« war acht Jahre im Dienst, brachte jedoch nicht den erwünschten geschäftlichen Erfolg. 1820 lief sie auf eine Sandbank und brach auseinander. Die Maschine konnte gerettet werden. Sie wurde später an eine Sägemühle verkauft und war etliche Jahre später noch in einer Brauerei in Betrieb.

Die erste Kanalüberquerung per Dampfschiff begann am 17. März 1816 von Newhaven aus nach Le Havre mit der »Elise«. Die Reise gegen den stürmischen Südwind dauerte 17 Stunden, das Kommando an Bord hatte Kapitän Andriel. Zusammen mit einem Compagnon hatte er eine Gesellschaft für Passagierfahrten auf der Seine gegründet und das Schiff, das vorher unter dem Namen »Margery« gefahren war, in London gekauft. Die »Margery« war im Juni 1814 in Dumbarton vom Stapel gelaufen. Sie hatte eine 10 PS-Maschine und konnte bis auf sechs Knoten beschleunigt werden. Im November 1814 fuhr sie unter dem am langen Schornstein angebrachten Segel nach London, wo sie ein neuer Eigner übernahm. Im Januar 1815 nahm sie zwischen Gravesend und London den Fährdienst auf. Das Unternehmen entpuppte sich jedoch als Fiasko, da die alteingesessenen Fährschiffer erfolgreich verhindern konnten, daß das Dampfschiff anlegen durfte. Wer an Land wollte mußte auf einen ihrer Kähne umsteigen. Da es aussichtslos schien, sich gegen die Themse-Schiffer durchzusetzen, wurde die »Margery« an Pierre Andriel verkauft.

Am 29. März 1816 legte das in »Elise« umgetaufte Schiff untere dem Jubel der Zuschauer und Salutschüssen in in Paris an. Trotz des triumphalen Empfangs konnte sich die »Elise« nicht gegen die Konkurrenz der »Charles-Phillipe« behaupten, die ebenfalls im Fährdienst auf der Seine eingesetzt war. Andriel und sein Partner Pajol lösten die Seine-Fährdienstgesellschaft auf. Andriel sah eine neue Chance im Mittelmeer und gründetet dort eine neue Dampfschiffahrtsgesellschaft. Ihr erstes Schiff, die »Ferdinando Primo« mit 247 BRT, lief am 24. Juni 1818 vom Stapel. Sie hatte drei Masten, eine Maschine von 50 PS und entwickelte eine Geschwindigkeit von 6 Knoten. Ab Oktober verkehrte sie zwischen Genua und Marseille im Passagierdienst. Eine Überfahrt dauerte bei gutem Wetter etwa vier Tage.

1819 fand das bis dahin wohl spektakulärste Ereignis in der noch jungen Geschichte der Dampfschiffahrt statt, die erste Atlantiküberquerung eines Schiffes mit Dampfantrieb. Am 24. Mai 1819 lief die legendäre »Savannah« aus dem Hafen ihrer Heimatstadt und legte nach 27,5 Tagen auf See am 20. Juni in Liverpool an. Ursprünglich war sie als Segelpostschiff gebaut worden, wurde jedoch nachträglich mit einer 90 PS Hilfsmaschine ausgerüstet, mit der sie immerhin 4 Knoten lief. Die Schaufelräder hatten zehn radiale Arme und waren innerhalb von 20 Minuten abmontierbar und an Deck verstaubar. Damit der Funkenflug aus dem Schornstein Segel und Takelage nicht in Brand setzen konnte, hatte er ein gebogenes und drehbares Oberstück. Bei der Überfahrt war die Maschine nur 85 Stunden in Betrieb, der Rest wurde unter Segeln zurückgelegt. Immerhin zog die »Savannah« bei ihrer Ankunft vor der irischen Küste so dicke und schwarze Rauchwolken hinter sich her, daß sie prompt als brennendes Schiff gemeldet wurde. Wie schon erwähnt, war Moses Rogers der Kapitän der »Savannah«.

An Bord hatte sie Platz für 32 Passagiere, die in Kojen in den beiden Salons untergebracht waren. In Europa sollte die »Savannah« verkauft werden, und es meldeten sich auch Interessenten. Ihre Angebote entsprachen jedoch nicht den Erwartungen, so daß Kapitän Rogers unverrichteter Dinge die Heimreise antreten mußte. Wegen der hohen Kohlepreise in Europa wurde die Rückfahrt ganz unter Segeln gemacht. Erst beim Einlaufen in den Savannahfluß wurde die Maschine nochmals benutzt.

Das Ende des Schiffes, das den Anfang einer neuen Ära der Dampfschiffahrt anzeigte, gestaltete sich profan. Da man keine weitere Verwendungsmöglichkeiten als Dampf-Segelschiff sah, wurde die Maschine demontiert und die »Savannah« nahm Dienst als Segel-Fregatte auf.

Am 5. November 1831 sank sie vor der Küste Long Islands.
Zum Abschluß dieser Ahnengalerie der Dampfschiffe sei noch das erste Kriegsschiff erwähnt, das mit Dampfantrieb fuhr. Die Pläne dazu stammten wieder von dem unermüdlichen Robert Fulton, der die Probefahrten dieses Schiffes jedoch nicht mehr erleben sollte. Mit Mühe hatte er das Parlament vom Nutzen eines solchen Schiffes überzeugen können, so daß es trotz der Skepsis der Marine gebaut wurde. Am 29. Oktober 1814 lief die »Fulton the First« in New York vom Stapel. Zum Schutz vor feindlichen Projektilen war das Rad von 4,9 Metern Durchmesser völlig abgedeckt und zwischen zwei hölzernen Rümpfen montiert. Die Maschine mit 120 PS war in einem Rumpf untergebracht, der Kupferkessel, der gleichzeitig zum Erhitzen der Projektile diente, im zweiten. Im Juli 1815 machte das Schiff, das sowohl über Bug oder Heck vorwärts fahren konnte, seine erste Probefahrt und erreichte dabei eine Höchstgeschwindigkeit von 6 Knoten. Bei späteren Fahrten mit voller Bewaffnung war die Geschwindigkeit etwas geringer, lag aber immer noch über 5 Knoten.
Die »Fulton the First« war dafür vorgesehen, den Küstenschutz zu übernehmen und die englische Blockade zu durchbrechen. Sie kam aber nie zum Einsatz, da kurz nach ihrer Fertigstellung der Krieg zu Ende ging. Erst 20 Jahre später stimmte die Marine dem Bau eines zweiten dampfbetriebenen Kriegsschiffes zu, der »Fulton the Second«. Der hölzerne 1200 Tonnen Raddampfer wurde in der Hafenverteidigung eingesetzt. Die »Fulton the First«, inzwischen in »Demologos« umgetauft, wurde am 4. Juni 1829 durch eine Explosion an Bord zerstört.

Oben: Amerikanischer Flußdampfer und Floße auf dem Ohio am »Cave in Rock«. Der Dampfer übernimmt Ladung von den Flößen.

Rechts: Ein klassischer Mississippidampfer mit seinen prunkvollen Aufbauten und Kronen als Abschluß auf den Schloten. Sie sind heute beliebte Touristenattraktionen in den USA und werden zu Ausflugsfahrten eingesetzt.

Die Dampfschiffahrt in Amerika

Daß die Dampfschiffahrt vor allem in Amerika eine so rasante Entwicklung nahm, kam nicht von ungefähr. Auch hier gab es genügend Zweifler und Skeptiker, die lieber auf das althergebrachte und in Amerika zur Hochform entwickelte Segelschiff gesetzt hätten, aber das zum Teil noch unerschlossene Land stellte riesige Transportprobleme, die neue Lösungen erforderten. Die Staaten der Ostküste hatten gute Seeverbindungen

Schleppzug auf dem Mississippi auf der Fahrt von St. Louis nach New Orleans. Die Kähne werden hier nicht gezogen, sondern gestoßen.

und damit ein Tor zur Welt, aber der Zugang zum weiten Hinterland war durch die Appalachen beinahe verschlossen. Die Verkehrsverbindungen in das Land westlich der Bergketten waren mühsam und zeitraubend. Als Verkehrsader bot sich der Mississippi mit seinen Seitenarmen Ohio und Missouri an, aber mit seinen vielen Untiefen war er von Seglern kaum zu befahren, vor allem nicht stromaufwärts. Hier boten sich die flacher gebauten Dampfschiffe geradezu an. Mit ihnen konnte ein Passagier- und Frachtverkehr bewältigt werden, der es ermöglichte, das Land an die See anzuschließen und es schneller und wirtschaftlicher zu öffnen.
Als erster hatte John Fitch auf dem Delaware-River den Versuch unternommen, einen regelmäßigen Passagierdienst einzurichten. 1790 nahm die »Thornton« ihre Fahrten auf. Jeden Montag, Mittwoch und Freitag fuhr sie von Philadelphia nach Trenton und jeden Dienstag, Donnerstag und Samstag die umgekehrte Richtung. Da die Reise mit der Postkutsche noch schneller zu bewältigen war, mußte Fitch mangels Kunden aufgeben.
Robert Fulton war es, der zusammen mit seinem Freund und Partner Livingston die erste kommerziell erfolgreiche Dampfschiffahrtsgesellschaft gründete, die »North River Company«. Mit der Indienststellung der »Clermont« erhielten sie vom Staate New York für fünf Jahre das Monopol, auf dem Hudson regelmäßige Dampferverbindungen zu unterhalten. Da sich die Konzession mit jedem neuen Schiff der Company um weitere fünf Jahre verlängerte, bis maximal fünfzig Jahre, liefen bald weitere Schiffe vom Stapel. Die »Car of Neptune«, die »Paragon«, die »Firefly«, die »Richmond« und die »Chancellor Livingston«. Das letzte

Ein Flußdampfer mit Heckrad verläßt den Hafen von Baton Rouge. Die »stern wheeler« fuhren wirtschaftlicher und verdrängten die eleganten Seitenraddampfer.

war Fultons bedeutendstes Schiff. Es vereinigte in sich alle Kenntnisse und Erfahrungen, die Fulton im Lauf der Jahre gesammelt hatte. Im März 1817, zwei Jahre nach Fultons Tod, nahm es den Linienverkehr zwischen New York und Albany auf. Es erreichte die beachtliche Geschwindigkeit von 9,3 Knoten. Einige Jahre später wurde das Schiff mit einer größeren Maschine ausgestattet und auf der Route New York – Rhode Island eingesetzt, danach zwischen Boston und Portland.

Ein Mitternachtsrennen auf dem Mississippi. Bei diesen Rennen kam es wegen Mißachtung aller Vorsichtsmaßnahmen oft zu schweren Unfällen mit Toten und Verletzten.

War durch Fultons Monopol schon die »Phenix« gezwungen gewesen, nach Philadelphia auszuweichen, wo sie am 5. Juli 1809 den Dienst zwischen Philadelphia und Trenton aufnahm, so machte sich jetzt mehr und mehr Widerstand gegen diese Monopolstellung bemerkbar. Sie wurde als Hindernis für die freie Entwicklung der Dampfschiffahrt angesehen. 1824 hob deshalb der höchste Gerichtshof Fultons Monopolrechte vorzeitig auf, was zu einer rapiden Zunahme der Schiffe auf dem Hudson führte. Die Konkurrenz der Companies hatte für die Reisenden keine schlechten Folgen. Die Fahrpläne wurden dichter, Tag- und Nachtboote wurden eingesetzt, und die Passagierunterkünfte komfortabler. 1840 vekehrten auf dem Hudson bereits 39 Dampfer, und fünf Gesellschaften konkurrierten um Fracht und Passagiere.

In den Anfangsjahren der Dampfschiffahrt kamen noch häufig Unglücksfälle vor, die Leben und Gesundheit von Besatzung und Fahrgästen gefährdeten und manchen die Fahrt in der Postkutsche vorziehen ließen. Aus diesem Grund wurden Wohnboote, die sogenannten »Safety Barges«, eingesetzt. Über eine Brücke waren sie mit dem schleppenden Dampfer verbunden. Benutzt wurden sie vor allem im Sommer, wenn viel Reiseverkehr zu verzeichnen war. Im Frühjahr oder Herbst kamen die Passagiere auf dem Schlepper unter. Die Hauptzeit der »Safety Barges« war in den Sommern der Jahre 1825 bis 1829. Danach waren sie kaum mehr anzutreffen, da die Schiffe größer, komfortabler, schneller und sicherer wurden.

Man kann den Unterschied zwischen Unterbringung auf dem Dampfer selbst oder auf einer »Safety Barge« mit erster und zweiter Klasse vergleichen. Ihre Benutzung mußte mit einem Aufpreis auf den Normaltarif bezahlt werden. Sie waren komfortabler eingerichtet und nahmen die Gediegenheit und den Luxus der späteren Schiffe vorweg, wie sie von Mark Twain beschrieben wurden. In der Werbung der Schiffahrtsgesellschaften wurden die Vorteile der »Safety Barges« natürlich besonders hervorgehoben. Der Passagier sei keinem Unglück durch Dampf oder Feuer an Bord des Dampfers ausgesetzt und werde weder durch Maschinenlärm, Hitze aus dem Kesselraum oder unerquickliche Gerüche aus der Küche belästigt. Den »Safety Barges« wurde eine weite Verbreitung prophezeit, da sie sich jedoch äußerst schlecht manövrieren ließen, kamen sie nur in der Flußschiffahrt zur Anwendung.

Die Dampfschiffe auf dem Hudson liefen in der Regel etwa vier bis fünf Stationen an. Um alle wichtigen Orte zu erreichen, mußte eine relativ große Anzahl von Schiffen eingesetzt werden. Mit der Eröffnung der Eisenbahn von New York nach Albany im Jahre 1851 änderte sich die Situation. Um gegen die Konkurrenz des neuen Verkehrsmittels auf dem Lande bestehen zu können, waren die Companies gezwungen, schon allein des Frachtaufkommens wegen ihre Schiffe mehr Orte anlaufen zu lassen, was zur Verringerung der in Dienst gestellten Schiffe führte. Viele der einst stolzen Passagierdampfer taten jetzt Dienst als Schlepper für den Gütertransport.

Der Linie New York – Albany folgte die Route nach Brunswick auf dem Raritan-Fluß, die am 8. Juni 1809 durch den Raddampfer »Raritan« eröffnet wurde. Im New Yorker Fährdienst war die 1827 gebaute »W. Cutting« eingesetzt. 1828 wurde für den Liniendienst zwischen New York und Albany der Raddampfer »De Witt Clinton« gebaut, der mit 571 BRT alle seine Vorgänger übertraf. 1836 folgte die »Swallow«. Im Jahre 1838 veranstalteten die Kapitäne der »Swallow« und der »Rochester« auf dem Hudson ein Rennen, das die »Swallow« mit knapp acht Minuten Vorsprung und einer Geschwindigkeit von 14 Knoten gewann.

Derartige Wettfahrten zwischen Dampfschiffen hatten öfters Unfälle zur Folge. War erst einmal das Rennfieber an Bord ausgebrochen – für die Passagiere mitunter eine willkommene Abwechslung – war Vorsicht nicht mehr gefragt. Um den Dampfdruck zu erhöhen, wurden die Sicherheitsventile zugedreht. Gaben dann noch die Heizer ihr Bestes, war eine Kesselexplosion unvermeidlich. Zuweilen versuchte auch ein Kapitän, dem Konkurrenten die Schaufelräder zu stutzen. Kam es dabei zum Zusammenstoß, konnte es passieren, daß das kleinere Schiff unverzüglich sank. Hatte aber ein Dampfer einen Sieg errungen, eilte ihm sein Ruhm voraus, und die Namen von Schiff und Kapitän, der seinen Namen nicht selten in großen, verschnörkelten Buchstaben auf den Radkästen prangen hatte, waren in aller Munde. Eine gute Fahrgastwerbung, denn wer wollte nicht gern auf einem schnellen Schiff mit einem geschickten Kapitän fahren?

Auf dem Mississippi und dem Ohio hatte die Dampfschiffahrt ihrer Geburtsstunde mit der »New Orleans«. Im September 1811 begann sie ihre erste Reise über den Monougahela-Fluß zum Ohio und stromaufwärts bis New Orleans. An Bord waren nur zwei Passagiere, N.J. Roosevelt, der den Bau in Pittsburgh geleitet hatte, und seine Frau. Die »New Orleans« war 35,4 Meter lang, 6,1 Meter breit und hatte noch zwei Masten, da ihre Konstrukteure davon ausgingen, daß Segel ab und an vonnöten seien. Trotz der Segel erwies sich das 38.000 Dollar teure Schiff für die Fahrten stromaufwärts als zu schwach. Fünf Jahre nach der »New Orleans« wurde der Mississippi-Dampfer »George Washingthon« auf Kiel gelegt. Mit ihrem Heckrad, den zwei Schornsteinen und den zwei Decks mit Aufbauten war die »George Washington« der Prototyp für über 5.000 weitere Mississippi-Dampfer. Sie waren zwischen 60 und 100 Metern lang, zwischen 10 und 12 Metern breit und hatten einen Tiefgang von maximal 1,8 Metern, um die vielen Untiefen befahren zu können. Das Schaufelrad wurde oft nach hinten verlegt, um es vor treibenden Balken und Flößen zu schützen. Verglichen mit einem eleganten »side wheeler« waren die Heckraddampfer die häßlichen Entlein des großen Stromes.

Der Mississippi war, wie schon dargestellt, eine der wichtigsten Wasserstraßen Amerikas. Da er bis zu Beginn des Zeitalters der Dampfschiffe stromaufwärts nur unter größten Mühen zu befahren war, hatten sich auf ihm eigene Verkehrsformen entwickelt. Flußabwärts wurden Waren und Passagiere auf Flößen transportiert. In New Orleans wurden Ladung und Gefährt verkauft, die Heimreise der Mannschaft zu Pferde oder mit der Postkutsche angetreten.

Nach 1819 wurde auf dem Mississippi und dem Ohio die Dampfschiffahrt endgültig freigegeben, was einen großen Dampfer-Boom auslöste. 1822 hatten erst 35 Dampfer den regelmäßigen Liniendienst aufgenommen, 1856 waren nicht weniger als 800 Dampfer in ständigem Betrieb.

Einer der schönsten und größten Schaufelraddampfer auf dem Mississippi war die »Natchez«, ein »side wheeler«. Am 30. Juni 1870 trat sie gegen die »Robert E. Lee« zu dem großen Rennen um den Titel »Schnellstes Schiff auf dem Strom« an. Rennstrecke waren die 1218 Flußmeilen von St. Louis nach New Orleans. Siegter wurde die »Robert E. Lee«, 93,6 Meter lang und 13,1 Meter breit, die für die Strecke drei Tage und 18,5 Stunden benötigte. Zeitgenössische Zeitungsberichte schreiben vom größten Rennen aller Zeiten und schätzen die Summe der abgeschlossenen Wetten auf eine Million Dollar.

Nicht zu vergessen ist außerdem das berühmte »Mississippi-Showboat«. Es fuhr den Fluß hinauf und hinab, und wo es anlegte gab es ein Volksfest mit Konzerten und Schauspielen an Bord.

Als die großen Eisenbahnlinien fertiggestellt waren, verschwanden die großen »side wheeler«. Aus Gründen der Wirtschaftlichkeit mußten sie, obwohl zunächst noch schneller, den Heckraddampfern weichen, die billiger zu betreiben waren. Mit der Entwicklung besserer Kesselanlagen erreichten auch sie annehmbare Geschwindigkeiten. Wie bei der 1884 am oberen Ohio gebauten »Chaperon« waren ihre langen und flachen Holzrümpfe mit über Stempelhölzer gespannten Stahlseilkonstruktionen verstärkt, eine Technik, die schon bei den Schiffen der ägyptischen Pharaonen zu finden ist.

Die Dampfschiffahrt auf den großen Seen entwickelte sich relativ langsam. Die Anliegerstaaten hatten nur sehr schlechte Verkehrsverbindungen zum Innern des Landes, außerdem mangelte es an ausgebauten Häfen. Mitte der 30er Jahre wurden die Wasserwege durch einige Kanäle ausgebaut. Die wichtigste Kaneleröffnung war die des Welland-Kanals, der die Niagarafälle umging und eine Verbindung zwischen Ontario- und Eriesee schuf.

Das erste Dampfschiff auf dem Eriesee war die »Walk in the Water«, ein Schiff mit 41 Metern Länge und 2,5 Metern Tiefgang. Der Rumpf war in Buffalo gebaut worden, die Maschine stammte aus New York und

Die großen amerikanischen Seen wurden relativ spät von Dampfschiffen erschlossen. Hier ein Dampfer mit Segeln auf dem Eri-See am Leuchtturm bei Cleveland.

wurde auf dem Hudson bis Albany und von dort mit Pferdegespannen nach Buffalo transportiert. Um vom Niagara-Fluß auf den See zu gelangen, benötigte man acht Paar Zugochsen, die das Schiff gegen die starke Strömung ziehen mußten. Am 20. August 1818 fuhr sie in 40 Stunden von Buffalo nach Detroit.
Das erste Schiff mit Schraubenantrieb, das auf den Seen fuhr, wurde 1842 in Dienst gestellt. Einer der größten Binnenseedampfer war die »Empire State«, die ab 1850 zwischen Buffalo und Chicago verkehrte und die Strekke in 60 Stunden bewältigte. Mit 94,5 Metern Länge und 11,3 Metern Breite hatte sie 1650 Tonnen Tragfähigkeit. Sie war mit einer Maschine von Isaac Newton ausgerüstet, die beachtliche Ausmaße hatte. Der Zylinder hatte 193 Zentimeter Durchmesser, einen Hub von 3,66 Metern und trieb Schaufelräder, die 12 Meter in der Höhe maßen. In den luxuriösen Kabinen war Platz für 400 Menschen, auf den Zwischendecks für weitere 1000.
Interessant ist die Geschichte der »Western Metropolis«, die mit 85 Metern Länge, 12 Metern Breite und 4 Metern Tiefgang mit zu den größten Schiffen auf dem Eriesee zählte. Ursprünglich als Passagierdampfer eingesetzt, wurde sie später zum Segelschiff umgebaut. Im Juli 1863 segelte sie mit 72.000 Ballen Hafer und 1.000 Fässern Schweinefleisch an Bord von Chicago nach Buffalo. Es war die größte Ladung, die ein Schiff auf dem Eriesee bis dahin transportiert hatte.
Trotz vieler rechtlicher Hindernisse und großer Steuerlasten für die Schiffahrtsgesellschaften wurden die Dampferverbindungen kontinuierlich ausgebaut, auch die Küstenschiffahrt an der Ostküste. Die Strecke New York – New Orleans wurde erstmals im Jahre 1819 mit einem Dampfschiff befahren. Die »Sea Horse« benötigte dazu 13 Tage. Obwohl später auch die Städte Norfolk, Charleston und Savannah von Dampfschiffen angelaufen wurden, blieb diese Reise bis zur Erschließung des Hinterlandes durch die Eisenbahn äußerst beschwerlich und war ein ständiger Wechsel zwischen Postkutsche und Dampfschiff mit allen nur erdenklichen Schwierigkeiten, die Fahrpläne aufeinander abzustimmen.
Die Linie New York – Boston wurde von der »Narragansett Company« befahren. Die »Pilgrim« und die »Puritan«, später in »Providence« und »Bristol« umgetauft, waren ihre größten Schiffe. Als die »Bristol« am 11. Juni 1867 zu ihrer Probefahrt auslief, waren die Zeitungen voller Begeisterung: »Die »Bristol«, ein Schiff mit ungefähr 3000 Tonnen, in jeder Hinsicht als first-class Seeschiff gebaut ... ist eines der sichersten, das je

Flußdampfer am Quai von New Orleans. An solchen Plätzen träumte Mark Twain davon Flußlotse zu werden.

vom Stapel gelassen wurde ... ohne jeden Zweifel bisher unerreicht.« Chefingenieur der Linie war Erastus W. Smith. Er hatte das Patent auf doppelstöckig beheizte Kessel, wie sie auf der »Bristol« eingebaut waren, drei an der Zahl und unter Deck montiert. Jeder war 10,67 Meter lang, hatte 3,81 Meter im Durchmesser und wurde über vier Feuer beheizt, die in zwei Reihen übereinander angeordnet waren. Die Einzylindermaschine war die größte, die bis dahin auf einem amerikanischen Schiff montiert worden war. Der Zylinder hatte einen Durchmesser von 2,8 Metern und einen Hub von 3,66 Metern. Die Schaufelräder waren aus geschmiedetem Eisen und hatten einen Durchmesser von 11,8 Metern. Bei ihrer ersten Fahrt erreichte die »Bristol« eine Geschwindigkeit von rund 17 Knoten.

Ein wichtiger Meilenstein in der Geschichte der amerikanischen Dampfschiffahrt war der Vertrag mit der Postverwaltung über den Transport der Post ins Ausland und in die Südstaaten. Bis 1852 wurde dazu auch Havanna anglaufen. Als im Jahre 1846 die Vereinigten Staaten und Großbritannien die Nordwestgrenze vertraglich regelten und Mexiko im Jahre 1848 Kalifornien an die Vereinigten Staaten abtrat, war der Slogan »go far west« in aller Munde, und die großen Trecks, vor allem mit europäischen Einwanderern, setzten sich in Bewegung. Der Kongreß gab daraufhin seine Erlaubnis, für den Posttransport Dampferverbindungen zwischen der Ostküste und den Weststaaten am Stillen Ozean einzurichten. Der Vertrag wurde am 30. November 1847 unterzeichnet. Im nächsten Jahr setzte in Kalifornien der große Goldrausch ein, der den neuen Linien einen rasanten Aufschwung ermöglichte.

Am 6. Oktober 1848 verließ die »California« New York. Nach über fünf Monaten hatte sie mit 10 Tagen Aufenthalt in Panama San Francisco erreicht. Bereits im Februar 1849 verließen 22 Schiffe mit 2000 Menschen an Bord den Hafen von New York. Sie folgten alle dem Ruf des Goldes und wollten ihr Glück im Westen versuchen.

Das Dampfschiff in Europa

Als Henry Bell am 5. August 1812 seinen regelmäßigen Passagierdienst eröffnete, schlug in England die Geburtsstunde der Dampfschiffahrt. Bell wurde mit seiner »Comet« zwar nicht reich, aber sie war in gewisser Weise ein Prototyp für die weiteren Entwicklungen.

England hatte eine lange Schiffahrts- und Handelstradition, einen großen Reichtum an Erzen und machte mit der Anwendung der Dampfkraft eine industrielle Entwicklung durch, die neue Transportmöglichkeiten erforderte. Das Binnenland war zwar verkehrsmäßig gut erschlossen, aber ihre Insellage, eine buchtenreiche Küste und gut befahrbare Flüsse hatte die Engländer Lösungen auf dem Wasser suchen lassen. Als das Verkehrsnetz in Westeuropa und vor allem in England durch den Bau von Kanälen noch wesentlich erweitert wurde, zeigte sich bald die Überlegenheit der Trans-

Der Raddampfer »John Silvester« war 65 Jahre im Einsatz und wurde erst 1931 abgewrackt.

Die 1821 erbaute »James Watt« fuhr 5 Jahre im Linienverkehr zwischen London und Aberdeen.

Englische Raddampfer vor der Mersey-Einfahrt, einer der wichtigsten Wasserstraßen Englands.

Zwei baugleiche 800 t Schiffe der »General Steam Navigation Company« auf der Linie London-Hamburg. Die »Caledonia« ist auf der Heimreise, während »Neptune« gerade in die Elbe einläuft.

Zu den berühmtesten Gemälden des englischen Malers William Turner gehört »Peace Burial at Sea«.

portmittel zu Wasser. Gegenüber Kutsche oder Pferd war der Transport per Dampfschiff schneller, wirtschaftlicher und bequemer. In den Küstengewässern sowie auf Themse, Mersey und vor allem Clyde entwickelte sich ein reger Schiffsbetrieb. Die Dampfschiffe übernahmen den Postverkehr und den Transport von Handelsggütern und eröffneten neue Exportmöglichkeiten.

Bereits vier Jahre nach der Eröffnung von Bells Dampferdienst wurde die Verbindung nach Irland hergestellt. 1821 folgte der Linienverkehr zwischen London und Leith, der bald bis Aberdeen ausgedehnt werden konnte, wodurch die Reisezeit in den Nordteil des Landes auf drei Tage verkürzt wurde. Das erste Dampfschiff auf dieser Linie war die »City of Edinburgh«, der im gleichen Jahr die »James Watt« folgte. Die »James Watt« war mit zwei Maschinen von Boulton und Watt ausgerüstet, von denen jede 50 PS leisten konnte, die dem Schiff eine Geschwindigkeit von 8,7 Knoten verliehen. 1826 wurde sie von der »Nederlandsche Stoomboot Maatschappij« aufgekauft und diente dann mit neuer Maschine unter dem Namen »Keulen« als Fracht- und Schleppschiff. 1823 wurde die »Plymouth, Devonport und Falmouth Steam Packet Company« gegründet, die den Linienverkehr zwischen London und den drei genannten Städten aufnahm. Ein Jahr später wurde

mit den Dampfern »Hilton«, »Joliffe« und »Sir Edward Banks« die erste regelmäßige Linie von London nach Hamburg eingerichtet.
Die älteste heute noch existierende Dampfschiffahrtsgesellschaft ist die »General Steam Navigation Company«. 1824 in London gegründet, betreute sie bis 1840 die Liniendienste nach Antwerpen, Rotterdam, Hamburg, Ostende, Dieppe, Calais, Le Havre und Boulogne. Zwei ihrer Liniendampfer, die die Post Ihrer Majestät transportierten, waren die »Giraffe« und die »Ocean«, beide 1837 gebaut. Doch die Company beschränkte sich nicht nur auf die Post der Königlichen Hoheit. Im September 1842 fuhren die englische Königin Victoria und Prinzgemahl Albert auf der Heimreise von ihrem ersten Besuch in Schottland an Bord der »Trident« von Edinburgh nach London. So weit überliefert, hatte vor ihr noch kein regierender Souverän eine längere Reise auf einem Dampfschiff gewagt. Königin Victoria muß begeistert gewesen sein. Wenige Tage später schrieb sie in einem Brief an ihren belgischen Amtskollegen: »An Bord eine schönen, großen und sehr schnellen Dampfschiffes, der »Trident« der »General Steam Navigation Company«, hatten wir eine schnelle und überaus glückliche Heimreise.«
Die Linien wurden rasch ausgeweitet: Liverpool – Dublin, Liverpool – Glasgow, Greenock – Belfast, um nur die wichtigsten zu nennen. Von den Häfen der Ostküste aus folgten die Fahrten über den Kanal. 1824 waren Verbindungen zwischen London und Rotterdam, London und Yarmouth sowie Brighton und Dieppe eingerichtet. Ein Jahr später gab es regelmäßige Fahrten zwischen Brighton, Le Havre und Dieppe sowie Portsmouth und Le Havre. 1830 konnte man bei gutem Wetter nach dreistündiger Fahrt französischen Boden betreten. Einige Monate später fuhren Dampfschiffe von London nach Dünkirchen, Hamburg, Ostende und Calais.
Bis 1822 wurden in England 151 Dampfschiffe bis zu

Anlegemanöver eines Dampfers in Koblenz in den Anfangsjahren des Liniendienstes auf dem Rhein. Die Ankunft eines Dampfschiffes war jedesmal ein großes Ereignis.

Das erste in Deutschland erbaute Dampfschiff, die »Charlotte von Preußen«. Am 14. September 1816 lief sie in Pichelsdorf vom Stapel.

448 Tonnen Größe gebaut, von denen ein Teil nach Europa exportiert wurde. Vor allem der Clyde war vorzugsweise Exportgebiet für Raddampfer. Im Jahre 1820 waren in England 43 Dampfer registriert, zwanzig Jahre später waren es 824 und im Jahre 1850 ganze 1390, davon 1200 in der Handelsflotte. Im Gegensatz zu Amerika war der größte Teil nicht in der Flußschiffahrt eingesetzt, sondern im Seeverkehr, vorzugsweise in den Küstengewässern.
Bald lagen England und Amerika in scharfer Konkurrenz miteinander. Den Amerikanern kommt dabei das Verdienst der ersten Atlantiküberquerung zu, in England dagegen lief ein Jahr nach der Fahrt der »Savannah« das erste eiserne Dampfschiff vom Stapel. Und die Schotten scheinen als erste auf die Idee gekommen zu sein, die Eisenbahn auf Schiffsplanken zu transportieren. Bevor in den Jahren 1883 – 1890 die 1,5 Kilometer lange Eisenbrückenkonstruktion über den Firth of Forth gebaut wurde, fuhren im Auftrag der »Edinburgh-Perth-Dundee-Eisenbahn« Dampffähren über den Firth of Forth und den Firth of Tay.
Wäre es nach Robert Fulton gegangen, hätte das erste Dampfschiff in Deutschland wahrscheinlich schon im Jahre 1809 den Dienst aufgenommen. Fulton hatte der bayrischen Regierung den Vorschlag gemacht, auf der Donau Dampfschiffe einzusetzen, doch die Regierung lehnte ab. So dauerte es noch weitere sieben Jahre, bis auf einem deutschen Fluß der erste Dampfer erschien. 1816 lief die in England gebaute »Defiance« von Margate nach Rotterdam und von dort den Rhein aufwärts. Am 12. Juni 1816 ankerte sie vor Köln. Fünf Tage später nahm die »Lady of the Lake«, wie die »Defiance« ebenfalls in England gebaut, den Verkehr zwischen Hamburg und Cuxhaven auf. Diese Bäderlinie mußte jedoch wegen mangelnder Rentabilität bereits nach einem Jahr wieder eingestellt werden.
Das Jahr 1816 scheint überhaupt das Geburtsjahr der deutschen Dampfschiffahrt zu sein, denn am 14. September dieses Jahres lief auch der erste in Deutschland gebaute Dampfer vom Stapel, die »Charlotte von Preu-

Der Raddampfer »Concordia« war das erste deutsche Dampfschiff, das für den Güter- und Personenverkehr zwischen Köln und Mainz in Dienst gestellt wurde.

ßen«, Anfang 1816 von dem englischen Schiffskonstrukteur John Barnett Humphrey in Pichelsdorf bei Berlin auf Kiel gelegt. Sie war ein Doppelrumpfschiff mit einem abgedeckten Schaufelrad in der Mitte. Für den Fall eines Maschinenschadens konnte der lange Schornstein als Mast benutzt werden. Die Unterkünfte für die Fahrgäste waren in den beiden Rümpfen untergebracht. Am 5. November 1816 nahm die »Charlotte von Preußen« regelmäßige Fahrten zwischen Berlin, Charlottenburg und Potsdam auf. Humphrey stellte noch vier weitere Dampfer in Dienst, die ihre Fahrten bis Hamburg und Magdeburg ausdehnten. Die Namen der Schiffe, die alle bis 1819 fertiggestellt wurden, waren »Courier«, »Fürst Blücher«, »Friedrich Wilhelm III.« und »Stadt Magdeburg«. Alle Maschinen stammten von der Firma, die Watt und Boulton in Soho gegründet hatten. Acht Jahre nach der Jungfernfahrt seines ersten Schiffes stellte Humphrey seine Dampferdienste in Deutschland ein. Die »Stadt Magdeburg« und die »Fürst Blücher« wurden nach Hamburg verkauft, die anderen Schiffe abgewrackt.

Ein Jahr nach der »Charlotte von Preußen« entstand zum zweitenmal ein Schiff auf einer deutschen Werft. 1817 wurde bei Johann Lange in Vegesack die »Weser« gebaut, die ebenfalls eine Maschine von Boulton und Watt hatte. Eigner war der Bremer Kaufmann Friedrich Schröter, der mit ihr am 20. Mai die Linie Bremen – Brake eröffnete. Insgesamt 16 Jahre lang versah das Schiff treu seinen Dienst auf der Weser.

Im Jahre 1817 erschien auch das zweite Dampfschiff auf dem Rhein. Unter dem Kommando von James Watt junior fuhr die »Caledonia« bis Koblenz. Ein regelmäßiger Dampferdienst auf dem Rhein wurde jedoch erst ab 1825 von der »Nederlandsche Stoomboot Maatschappij« zwischen Rotterdam und Köln eingerichtet. Am 11. Juni 1826 wurde nach ausgiebigen Versuchsfahrten von Kölner Bürgern die »Preußisch-Rheinische Dampfschiffahrts-Gesellschaft, Köln« gegründet, eine der ersten Aktien-Gesellschaften Deutschlands. 1827 eröffnete sie mit den beiden hölzernen Raddampfern »Concordia« und »Friedrich Wilhelm« den Personen- und Eilgüterverkehr auf dem Mittelrhein. 1830 wurde die »Stadt Mainz«, der erste auf einer deutschen Werft gebaute Rheindampfer, in Dienst gestellt. Als im Jahre 1831 die »Rheinschiffahrtsakte« dem Dampferbetrieb die letzten Hindernisse aus dem Weg räumte, erlebten viele Anliegerstädte einen großen wirtschaftlichen Aufschwung, der in Düsseldorf am 22. September 1836 zur Gründung der »Dampfschiffahrts-Gesellschaft für den Nieder- und Mittelrhein, Düsseldorf« führte. 1838 nahm sie mit fünf Dampfern ihren Betrieb auf. Im gleichen Jahr stellte die Kölner Gesellschaft ihren ersten eisernen Dampfer »Graf von Paris« in Dienst.

In den folgenden Jahren weitete sich der Güter- und Personenverkehr stark aus und trieb die drei großen Gesellschaften in einen erbitterten Konkurrenzkampf, der sich ruinös auszuwirken drohte und 1853 schließlich zur Gründung einer Betriebsgemeinschaft der Kölner und Düsseldorfer Gesellschaften führte. Da der Güterverkehr zunehmend mit der Eisenbahn bewältigt wurde, stellte sich die »Köln-Düsseldorfer« so nach und nach auf den reinen Ausflugsverkehr um. 1867 wurden die beiden ersten Ausflugsschiffe in Dienst gestellt, die Doppeldeck-Schnelldampfer »Friede« und »Humboldt«.

Auf dem Bodensee konnte sich die Dampfschiffahrt nur gegen den erbitterten Widerstand der Uferbevölkerung durchsetzen, der vor allem von den Schifferzünften organisiert wurde. Erst nachdem König Wilhelm von Württemberg eine beachtliche Abfindung an die Zünfte bezahlt hatte, lenkten die Bodenseeschiffer am württembergischen Ufer ein, so daß am 1. Dezember 1824 mit der »Wilhelm« die Kursfahrten aufgenommen werden konnten. Ihre Maschine wurde mit Holz befeuert und entwickelte 21 PS. Bei voller Ladung waren 124 Fahrgäste und 40 Tonnen Güter an Bord. Durch die Indienststellung der »Wilhelm« war ein erster Schritt getan, dem sich die anderen Bodensee-Anliegerstaaten nicht entziehen konnten. Als erster erkannte der Großherzog von Baden die Wichtigkeit der Zusammenarbeit mit der Schweiz: In »... freundlicher Berücksichtigung der freundschaftlichen Handbietung der Schweiz ...« ließ er eines der beiden badischen Schiffe »Helvetia« taufen. Am 26. Juli 1832 trat sie zur Jungfernfahrt von Konstanz nach Schaffhausen an. Dort hatten sich etliche Schiffer versammelt, die das Anlegen des Dampfers mit allen Mitteln zu verhindern entschlossen waren. Sie drohten, das Schiff loszumachen und es in den Rheinfall treiben zu lassen. Doch nach und nach ließ der Widerstand nach, die Mechanisierung des Bodensees war nicht mehr aufzuhalten. In Bayern wurde am 10. Oktober 1837 als erster Bodenseedampfer die »König Ludwig I.« in Dienst gestellt.

Der Schaufelraddampfer »Rüdesheim« wurde 1926 von der »Köln-Düsseldorfer« in Dienst gestellt und ist heute noch mit der »Mainz« und der »Goethe« im Personenverkehr auf dem Rhein eingesetzt.

Der hölzerne Raddampfer »Wollin« wurde 1842 erbaut und fuhr bis 1857 im Gebiet der Odermündung.

Die »Helgoland« lief 1853 vom Stapel und war im Liniendienst zwischen Helgoland und Hamburg eingesetzt. Sie war noch mit einer vollständigen Dreimastschonertakelung ausgerüstet und fuhr 15 kn.

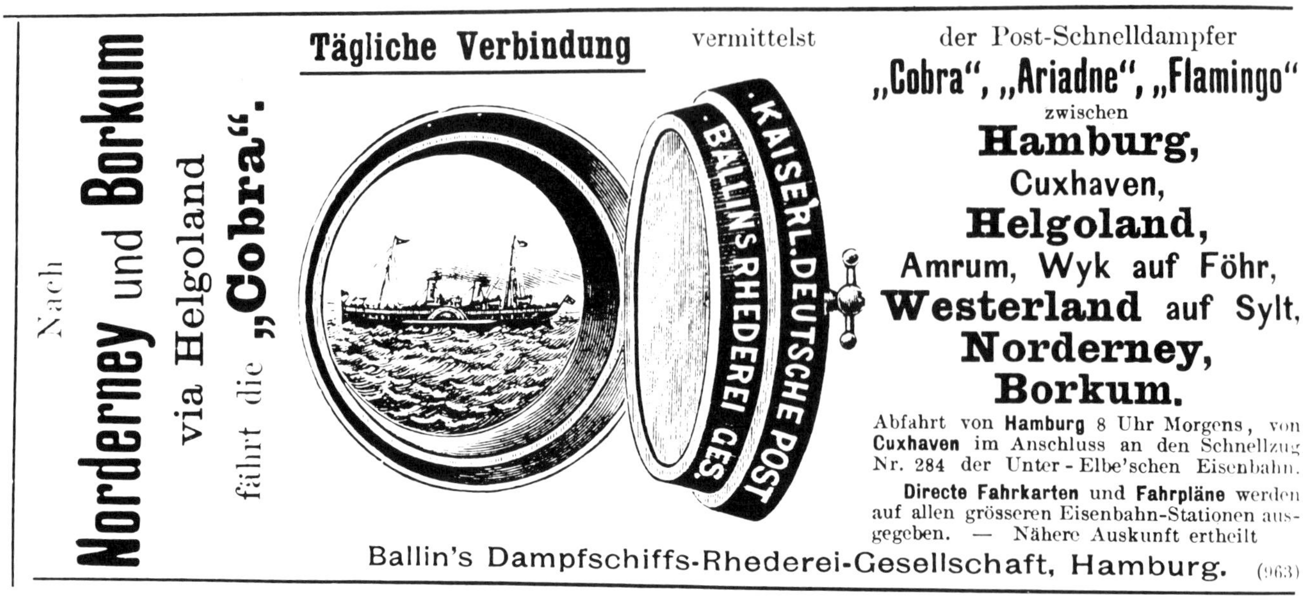

Zeitungsanzeige der Hamburger Ballin-Reederei aus dem Jahre 1894, mit der sie für Fahrten auf ihren Postschnelldampfern warb.

Die Dampfschiffahrt auf dem Bodensee stand bis zur Gründung der Reichsbahn nach dem ersten Weltkrieg unter der Regie von fünf verschiedenen Staatsbahnen. In zweijährigem Turnus wechselten sich die »Großherzoglichen Badischen Staatseisenbahnen«, die »Königlich Württembergischen Staatseisenbahnen«, die »Königlich Bayrischen Staatseisenbahnen«, die »K.u.K. Österreichischen Staatsbahnen« und die »Schweizerischen Bundesbahnen« in der geschäftsführenden Verwaltung ab. Da alle Anrainerstaaten ihre speziellen Wünsche und Vorschriften beachtet wissen wollten und man sich zwischen den Betreiberstaaten zu keiner Vereinheitlichung der Dienstanweisungen durchringen konnte, kursierten an Bord der Dampfer über hundert Seiten dicke Dienstanweisungsbücher, in denen an alles gedacht war: an Vorschriften über den Transport aller möglichen Arten von Tieren, über die Gesprächslautstärke, die Passagiere bei schlechtem Wetter und Nebel einzuhalten hatten, und vor allem, daß der Kapitän darauf zu achten hatte, »daß Unfälle jeder Art vermieden werden.«

Die Bodenseeschiffahrt war zunächst für den Personen- und Güterverkehr eingerichtet worden und deshalb eine große Zahl von Trajektschiffen im Einsatz. Es zeigte sich aber bald, daß man sich auch auf einen zunehmenden Ausflugs- und Rundreiseverkehr einrichten mußte. Die »Bavaria« wurde aus diesem Grund im Jahr 1870 um ein Deck aufgestockt, das nur Ausflüglern vorbehalten war. Neun Jahre später lief schon der erste »Salon-Dampfer« vom Stapel, die »Wittelsbach«. Sie war 53 Meter lang und überaus prunkvoll ausgestattet. Als Reminiszenz an das bayrische Herrscherhaus war sie mit einem 3 Meter hohen goldenen Löwen verziert, der aber aus praktischen Erwägungen bald wieder entfernt wurde. Nach dem ersten Weltkrieg in »Augsburg« umgetauft, tat sie noch bis 1928 Dienst und wurde dann abgewrackt.

In Lübeck erhielt am 1. Mai 1823 Kapitän Matthias Bürring Lov, ein Däne, die Lizenz für eine Dampfschiffahrtslinie. Über ein Jahr hatte er mit den Behörden der Freien Stadt verhandelt. Am 14. Juli 1824 konnte er schließlich mit einem Dampfer »The Kingston« in Lübeck einlaufen. Die Reise von Kopenhagen nach Lübeck war nicht gerade vom Glück begünstigt gewesen, was den Gegnern der Dampfschiffahrt so viel Auftrieb gab, daß sie für ein paar Wochen ein teilweises Fahrverbot für die »Kingston« durchsetzen konnten. Die »Kingston« war nämlich unterwegs auf Grund geraten und zu allem Überfluß noch mit einem Segler kollidiert.

In Hamburg lief im April 1841 der 166 BRT Dampfer »Alexandrine« vom Stapel der Werft von Gleichmann und Buss. War ihre Geburtsstunde auch von bösen Omen überschatte, sie wurde »wegen technischer Män-

Schnittmodell eines frühen Öltankers um 1891.

gel« vom Auftraggeber F.N. Bruns nicht abgenommen, tat sie doch weit über 30 Jahre Dienst. Zunächst fuhr sie im Auftrag der Werft und wurde dann an G.E. Pappe verkauft, der sie ein Jahr später mit neuen Kesseln ausrüsten ließ. 1843 wurde sie von T. Gleichmann übernommen und fuhr unter dem neuen Namen »Phönix« zwischen Hamburg und Harburg. 1867 wurde sie von der »Hapag« erworben und drei Jahre später nochmals gründlich umgebaut. Ab 1870 fuhr sie dann als Leichter »Süd-Südost« zur See.

1848 stellte die »Hanseatische Dampfschiffahrtsgesellschaft« die in Hull bei T. Pim aus Eisen gebaute »Leipzig« in Dienst. Sie verkehrte zwischen Hamburg und Leipzig, fuhr allerdings nur vier Jahre unter der Flagge der Hanseaten. 1852 wurde sie nach England zurückverkauft.

Hinkt die deutsche Dampfschiffahrt auch hinter der Entwicklung in anderen Ländern, speziell in England und Amerika, hinterher, hat sie doch die Ahne der großen Familie der Tankschiffe vorzuweisen. Die Ölfracht wurde seit 1860 in Fässern auf Seglern transportiert, etwa 10 Jahre später kamen erst die Dampfschiffe dazu. 1885 entstand im Auftrag einer deutschen Reederei auf einer englischen Werft der erste Tankdampfer der Welt, die »Glückauf«. Sie war 91,3 Meter lang, 11,3 Meter breit und hatte 2307 BRT. Die Dampfmaschine war ganz nach achtern verlegt, der Frachtraum durch ein Längsschott und sieben Querschotte in sechzehn Einzeltanks unterteilt. Am Tankende isolierte ein Pumpenraum Kohlenbunker, Kessel- und Maschinenraum. Zusätzlich zum Schraubenantrieb war sie noch mit Hilfsbesegelung ausgerüstet.

Das erste Dampfschiff, das in den Niederlanden vom Stapel lief, war die 1816 in Antwerpen gebaute »Prins van Oranje«. Im Oktober machte sie ihre erste größere Fahrt, die sie nach Brüssel führte, und am 6. Dezember des gleichen Jahres wurde sie per königlichem Erlaß als Fährschiff zwischen Antwerpen und Amsterdam zugelassen. König Willem I. hatte sehr früh die Bedeutung, die der Dampfantrieb für Handelsschiffahrt und Kriegsmarine haben würde, erkannt, konnte aber erst nach der französischen Besetzung den Marineoffizier Gerhard Moritz Roentgen nach England entsenden, um ihn dort die neuesten Entwicklungen im Schiffsbau studieren zu lassen. Zwei Jahre, von 1818 bis 1820, weilte Roentgen zusammen mit zwei Konstrukteuren in England und sammelte Kenntnisse, die im Auftrag Willem I. zu Plänen für ein Fährschiff zwischen dem Dordtse Kil und dem Moerdijk führten, das Passagiere, Vieh und Fahrzeuge »quer über einen Fluß« transportieren sollte.

Der König befand die Pläne für nicht schlecht, wollte das Dampfschiff aber nicht in den Niederlanden bauen lassen und schickte Roentgen wieder nach England, um dort den Bau der »Wilhelmina« zu beaufsichtigen. 1822 wurde sie vom Stapel gelassen, und im Mai lief sie in Rotterdam ein. Ihre Testfahrten verliefen so überzeugend, daß sie am 31. Mai 1822 durch königlichen Beschluß, der die Sicherheit und den Komfort der Fahrgäste garantierte, ihre regelmäßigen Fahrten aufnehmen konnte. Jede halbe Stunde legte sie in Willemsdorp ab, um in 20 Minuten über das Hollands Diep hin- und zurückzufahren. Da dieser Fährdienst auf der neuen Straße von Den Haag nach Brüssel lag, löste die »Wilhelmina« starken Verkehr aus.

Eine für Dampfschiffe damals nicht ungewöhnliche Geschichte hat die »Willem de Ersten« vorzuweisen. Auf der Londonder Werft von Henry Maudslay als Raddampfer gebaut, wurde sie von der »Amsterdamsche Stoomboot Maatschappij« erworben und 1826 als Segler nach Indonesien geschickt. 1832 von der Königlichen Marine gechartert, war sie auf der Schelde eingesetzt. Nach abermaliger Überfahrt nach Indonesien wurde »Willem de Ersten« wieder zum Raddampfer umgebaut, machte dann aber nur noch zwei Reisen. Am 2. April 1837 lief sie mit 140 Menschen an Bord von Surabaja aus und strandete in der Nacht vom 5. auf den 6. Mai 35 Meilen südlich von Ambon auf den Klip-

Bunker, Kessel- und Maschinenraum sind nach achtern verlegt und gegen die Tanks isoliert.

pen der Lucipara-Inseln. Nach fünf Wochen auf den Klippen wurde sie von der Brigg »Nautilus« und dem Handelsschiff »Erich« freigeschleppt und nach Ambon gebracht.
Wie in vielen anderen Ländern war es auch in Rußland ein Engländer, der das erste in Rußland gebaute Dampfschiff auf Kiel gelegt hatte. 1815 baute Charles Baird in Petersburg die »Elizabeth«, einen 22 Meter langen Kanalleichter mit einer 20 PS Maschine, die dem Schiff eine Geschwindigkeit von 6 Knoten verschaffte. Außergewöhnlich war der Kamin der »Elizabeth«, er war viereckig und aus Steinen gemauert. 1816 wurde sie auf ihrer Strecke nach Kronstadt von einem neuen Schiff abgelöst. Im gleichen Jahr gab die russische Regierung den Auftrag zum Bau des ersten eigenen Dampfers. 1859 wurde der erste Dampfer auf dem Amur eingesetzt. Er war in Amerika gebaut und in Einzelteile zerlegt nach Rußland transportiert und dort wieder zusammengesetzt worden. Der Rumpf war ganz aus Holz, und der Dampfer hatte Heckradantrieb.
Ein interessantes Dampfschiff baute der Engländer Samuel Owen in Schweden, in der Nähe von Stockholm. Auf den schwedischen Flüssen und Seen stellte sich für ihn das Problem, daß die Gewässer in der kalten Jahreszeit zugefroren waren und das Eis die herkömmlichen Schaufelräder beschädigen konnte. Aufmerksam verfolgte Owen daher die Entwicklungen der Antriebstechnik und macht sich an die Konstruktion eines Rades, das sich ganz unter Wasser drehte. Nach erfolgreichen Versuchen baute er die Schaluppe »Stockholmshäxan«, ein Segelschiff, das auf dem Mälarsee fuhr, in eine Art Schraubendampfer um. Um ausreichend Platz für seine Konstruktion zu erhalten, verlängerte er den Kielbalken nach hinten und entwarf einen neuen Achtersteven. Die Schraube hatte einen Durchmesser von 152 Zentimetern, und die vier Blätter aus Birkenholz standen in einem Winkel von 36 Grad zur Achse. Befestigt waren sie in einer gußeisernen Nabe. Im Juli 1816 unternahm er seine ersten Fahrten mit dem neuen Schiff und erreichte trotz stark unterdimensioniertem Kessel immerhin eine Geschwindigkeit von 4 Knoten. Mit der »Stockholmshäxan« nicht ganz zufrieden, machte sich Owen wieder an die Arbeit, und kurze Zeit später folgten die »Experiment« und die »Amphitrite«.

Decksaufbauten des ersten deutschen Fischdampfers »Sagitta«, den der Reeder Busse aus Geestemünde im Jahre 1885 in Fahrt setzte.

Über den Atlantik

Zwei Jahre nach der Fahrt der »Savannah« von Amerika nach England wurde der Atlantik durch die »Rising Star« erstmals in Westrichtung überquert. Sind auch

Der schwedische Schaufelraddampfer »Götha« hat noch wie alle frühen Hochseedampfer eine vollständige Takelung, um notfalls unter Segeln fahren zu können.

diese beiden Fahrten Markpunkte in der Geschichte der Dampfschiffahrt, so gilt für beide, daß sie zum größten Teil noch unter Segel stattfanden. Weit wichtiger für die Dampfschiffahrt war die Reise der »Enterprise« von London nach Kalkutta im Jahre 1824. Sie legte die 11.450 Seemeilen lange Strecke in 103 Tagen zurück und fuhr davon 69 Tage mit Maschinenkraft. Der eigentliche Durchbruch aber glückte erst der »Royal William« vierzehn Jahre später. Abgesehen von vier Tagen, die zur Reinigung der Kessel von Salzablagerungen notwendig waren, machte dieses Schiff seine Fahrt von Quebec nach England voll unter Dampf. Erst 1847 fuhr der nächste Dampfer von Amerika nach Europa. Es war die »United States«, in New York von William H. Webb speziell für den Atlantik-Verkehr gebaut. Sie war 78 Meter lang und 15,2 Meter breit. Ihre Überfahrt nach Liverpool dauerte 13 Tage. Dort wurde sie von der preußischen Regierung gekauft, mit Kanonen bestückt und als Dampffregatte eingesetzt. Am 1. Juni folgte der hölzerne Raddampfer »Washington« der »New York Ocean Steam Navigation Company«. Er wurde auf der Route zwischen New York und Bremen eingesetzt. Am 21. März folgte die »Hermann«, das zweite Schiff dieser Gesellschaft. Beide Schiffe waren rund 70 Meter lang und mit einer Zwei-Seiten-Balanciermaschine ausgerüstet, die einen Zylinder mit 1,8 Metern Durchmesser und 3 Metern Hub hatte. Unter der Flagge der »New York and Havre Steam Navigation Company«, die für den Postdienst nach Europa mit jährlich 150.000 Dollar subventioniert wurde, stach im gleichen Jahr die »Franklin« mit Kurs auf Le Havre in See. 1850 folgte auf der gleichen Route und unter gleicher Flagge die »Humboldt«.

Ihren eigentlichen Aufschwung aber nahm die transatlantische Dampfschiffahrt in Europa. Und das aus gutem Grund. In der ersten Hälfte des 19. Jahrhunderts setzte in Europa eine gewaltige Auswanderungswelle nach den USA und Kanada ein. Zuerst waren es schottische Handwerker, die im Zuge der industriellen Revolution in England kein Auskommen mehr fanden, und nach der irischen Kartoffelhungersnot um 1840 folgten viele irische Bauern. 1847 waren es ca. 250.000 Auswanderer, die in der Neuen Welt nach Lebensmöglichkeiten suchten. Gigantische Ausmaße nahm der Auswandererstrom nach den Goldfunden in Australien und Kalifornien an. Man schätzt, daß zwischen 1821 und 1924 etwa 49,1 Millionen Menschen Europa verließen. Davon suchten 41,2 Millionen eine neue Heimat auf dem amerikanischen Kontinent, vor allem in den Vereinigten Staaten. In den Jahren 1850 bis 1860 waren es allein 2,5 Millionen.

Um diesen gewaltigen Menschenstrom bewältigen zu können, waren Tausende an Tonnen Schiffsraum vonnöten. War die erste Hälfte des Jahrhunderts dabei die goldene Zeit der Segelschiffe, wurden sie in den achtziger Jahren vom Dampfschiff abgelöst.

Die Einrichtung regelmäßiger transatlantischer Verbindungen ist untrennbar mit dem Namen des englischen Ingenieurs Isambard Kingdom Brunel verbunden. Brunel war Chefingenieur der »Great Western Railway Company» und verantwortlich für den Bau einer Breitspurbahn zwischen London – Bristol und Plymouth und alle dabei auftretenden Probleme, vor allem die Konstruktion von Tunnels und Brücken, die zum Zeil noch heute in Gebrauch sind. Weitere Zeugnisse seiner genialen Ingenieurkunst sind die berühmten Überseedampfer »Great Western«, »Great Britain« und »Great Eastern«.

Brunel und die Direktoren der »Great Western Railway« erkannten sehr früh die Möglichkeiten, die im Transatlantik-Verkehr lagen und gründeten 1836 die »Great Western Steamship Company«, um ihre Aktivitäten »ein bißchen über Bristol hinaus zu erweitern«. Brunel wurde damit beauftragt, unverzüglich ein Schiff für den Liniendienst nach New York zu bauen, die »Great Western«. Sie lief 1837 vom Stapel. Es handelte sich um einen hölzernen Schaufelraddampfer mit zwei Maschinen, die zusammen 750 PS leisteten. Geheizt wurde mit vier Kesseln, die pro Tag etwa 30 Tonnen Kohle verbrauchten. Die technischen Daten der »Great Western«: 71,9 Meter Länge, 10,8 Meter Breite, 7,1 Meter Tiefe und 1340 Bruttoregistertonnen. An ihrer 16tägigen Jungfernreise nach New York nahmen 11 Passagiere teil. Sie mußten für die Reise ca. 30 Pfund bezahlen, der Wein an der schon morgens geöffneten Bar war in diesem Preis eingeschlossen. Die Begeisterung der Fahrgäste war beinahe grenzenlos: »Sie fährt wie verrückt!«

Inzwischen hatte die Britische Admiralität dazu aufgefordert, zwischen England und Amerika den regelmäßigen Postverkehr aufzunehmen. Die Bewerbungskriterien der Admiralität legten fest, daß nur Schiffe, die gemäß ihren Richtlinien ausgestattet und gebaut waren, zugelassen wurden. Es mußten hölzerne Raddampfer sein, mindestens 300 PS stark, und man mußte sie zu Kriegsschiffen umrüsten können. Monatlich einmal hatten sie zwischen einem englischen Hafen, Halifax und New York zu verkehren. Es bewarben sich zwei Reedereien, die »Great Western Steamship Company« und die 1835 in London gegründete »British and American Steam Navigation Company«. Diese hatte auf einer Werft am Clyde ein 1968-Tonnen-Schiff in Auftrag gegeben, das aber wegen verspäteter Anlieferung der Maschinen nicht mehr rechtzeitig fertig wurde. Um trotzdem an dem Wetbewerb teilnehmen zu können, charterte sie kurzerhand die »Sirius«, ein Schiff, das der »St. George Steam Packet Company« – 1822 gegründet – gehörte und für den Liniendienst zwischen England und Irland vorgesehen war.

Die »Sirius« war etwas kleiner als die »Great Western« und maschinenmäßig schwächer ausgerüstet. Sie hatte 703 Bruttoregistertonnen, war 54,3 Meter lang, 7,8 Meter breit und entwickelte 320 PS Maschinenleistung. Am 4. April 1838 verließ die »Sirius« den Hafen von Cork zur Reise nach New York. An Bord waren 40 Passagiere, Ladung, Post und 400 Tonnen Kohle. Die »Great Western« folgte vier Tage später von Bristol aus. Auch sie war vollgeladen und führte etwa 700 Tonnen Kohle mit sich, hatte aber nur 7 Fahrgäste zu befördern.

Beide Schiffe trafen am 22. April in New York ein. Die »Sirius« hatte mit einer Durchschnittsgeschwindigkeit von 6,5 Knoten 18 Tage und 10 Stunden für die Überfahrt benötigt. New York bereitete dem Schiff einen jubelnden Empfang. Die Begeisterung hatte gerade etwas nachgelassen, als ein zweites Schiff gemeldet wurde, die »Great Western«. 12 Stunden nach der »Sirius« machte sie im Hafen von New York fest. Ihre Reise hatte 15 Tage und 5 Stunden gedauert. Ihre Durchschnittsgeschwindigkeit betrug 8,75 Knoten, für die 655 Tonnen Kohle verfeuert worden waren. Der Zweikampf dieser beiden Schiffe wurde ausgiebig gefeiert und heftig diskutiert. »Die einzige Frage«, schrieb eine New Yorker Zeitung, »ist nun in diesem Fall die Frage des Geldes. Sind Postdampfer wirtschaftlich?« Die »Great Western« war es. Für ihre Gesellschaft ein voller finanzieller Erfolg, gab diese ihr zweites Schiff in Auftrag.

Die Pläne, die Brunel dazu entwarf, nahmen bald gewaltige Dimensionen an. Das Schiff sollte mit über 3000 BRT mehr als doppelt so groß als die »Great Western« werden und in der Länge 100 Meter, in der Breite 15 Meter messen. Nach Studien an einem kleinen, ganz aus Eisen gebauten Raddampfer beschloß Brunel die »Mammoth«, wie das Schiff heißen sollte, ebenfalls aus dem Metall zu konstruieren, das er schon vom Brückenbau her kannte. Zunächst jedoch mußte erst ein eigenes Trockendock gebaut werden, da keine geeignete Werft zur Kiellegung zu finden war. Im Juli 1838 konnte mit den Arbeiten begonnen werden. Ursprünglich als Raddampfer entworfen, warf Brunel nach den Erfolgen des Dampfers »Archimedes«, der mit einer Heckschraube nach dem Patent von F.P. Smith ausgerüstet war, im Mai 1839 seine Pläne über den Haufen und ließ den Rumpf für Schraubenantrieb umbauen. Dieser Umbau brachte dem Schiff auch einen neuen Namen: »Great Britain«. Am 19. Juli 1844 lief sie als erster Überseedampfer mit Eisenrumpf und Schraubenantrieb unter dem Jubel der Bevölkerung von Bristol und im Beisein von Prinz Albert vom Stapel. Sie war die technologische Sensation ihrer Zeit, und die »Great Western Steamship Company« hatte ihren guten Ruf und all ihr Kapital in dieses Schiff gesteckt. Seine Maschine entwickelte mit vier Kolben 1600 PS und trieb ein sechs Meter hohes Schwungrad an. Zusammen nahm die Maschine die ganze Breite des Schiffes ein.

Im Januar 1845 wurde die »Great Britain« in Dienst gestellt. Gleich bei ihrer ersten Fahrt brach ein Flügel der Heckschraube und die Reise mußte unter Segeln beendet werden. Trotzdem wurde sie überall gefeiert. Bei einem Aufenthalt in Liverpool besichtigten sie über 33.000 Menschen, im Hafen von London waren es noch mehr. Trotzdem blieben bei ihrer ersten New York-Reise im Sommer 1845 die Passagiere aus. Finanziell eine Katastrophe, war die Reise technisch ein

1824 fuhr die »Enterprise« in 103 Tagen von London nach Kalkutta. Der größte Teil der Reise wurde mit Maschinenkraft bewältigt.

Triumph. Die Überfahrt war in nur 13 Tagen geglückt mit einer durchschnittlichen Geschwindigkeit von 9 Knoten. Bei ihrer zweiten Atlantiküberquerung hatte die »Great Britain« Bodenberührung und wurde schwer beschädigt. Nach der Reparatur und einigen Umbauten fuhr sie wieder im Liniendienst. Doch das nächste Desaster ließ nicht lange auf sich warten. Mit 160 Passagieren an Bord lief sie im September 1846 nach einem Navigationsfehler vor der irischen Küste auf Grund und saß 18 Monate fest. Die Bergungskosten waren so hoch, daß die »Great Western Steamship Company« den Konkurs anmelden mußte. Zwei Jahre später fand das Schiff einen neuen Eigner, der es in die Australienfahrt überstellte, nachdem die Kabinenzahl erhöht worden war. Es war seine glücklichste Zeit. 1882 als veraltet stillgelegt, wurde es zum Segelschiff umgebaut und endete schließlich als Kohlenhulk auf den Falklandinseln, wo es 1937 in einer stillen Bucht auf Grund gesetzt wurde. Aus dem einst so stolzen Schiff war ein rostendes Wrack geworden. 1970 erinnerte man sich wieder an das alte Schiff. Es wurde gehoben und auf den Tag genau nach 126 Jahren kehrte die »Great Britain« auf einem Ponton unter dem Jubel der Bevölkerung nach Bristol zurück. Im gleichen Dock, in dem sie einst gebaut worden war, wird sie heute liebevoll restauriert, um als Museumsschiff weiterzudienen.

Brunels Meisterwerk aber wurde die »Great Eastern«, die im Vergleich zu allen vor ihr gebauten Schiffen die Bezeichnung »groß« wirklich verdiente. In der Länge wurde sie erst 1899 von der »Oceanic« übertroffen und in der Bruttotonnage 1904 von der »Baltic«. Im Auftrag der »Eastern Navigation Company« machte sich Brunel an die Konstruktion eines 210,9 Meter langen Schiffes mit 18.914 Bruttoregistertonnen. Ausgerüstet war es mit zwei Schaufelrädern, einer Heckschraube und Hilfsbesegelung. An Bord war Platz für 5.000 Passagiere. 1858 lief die »Great Eastern« vom Stapel. Brunel starb ein gutes Jahr später ausgebrannt und überarbeitet an Erschöpfung. Die Jungfernfahrt von Southhampton nach New York dauerte nur elf Tage, doch der schwimmende Riese glich einer Geisterstadt. In die Kojen für 5.000 Menschen teilten sich ganze 36 Fahrgäste, unter ihnen Jules Verne, der mit seiner Geschichte »Die schwimmende Stadt« diesem Erlebnis ein Denkmal setzte. Zwischen 1860 und 1863 ging die »Great Eastern« neunmal auf Atlantikfahrt, doch das Omen der ersten Fahrt wurde zur bitteren Wahrheit. Die Passagiere mieden das ihnen ungeheure Riesenschiff. Nur in den Jahren von 1866 bis 1874 brachte das Schiff durch seinen Einsatz bei der Verlegung des Atlantikkabels etwas Geld in die Kassen der Eigner. Dreißig Jahre nach dem Stapellauf wurde mit dem Abwracken begonnen, das sich drei Jahre hinzog. Schenkt man den Mythen der Seeleute Glauben, klärte sich dabei das Schicksal des Schiffes. In einem Hohlraum zwischen zwei Schotten wurde ein menschliches Skelett gefunden.

Ende der dreißiger Jahre hielt ein gewisser Samuel Cunard aus Halifax, Neuschottland, der den Postverkehr zwischen Boston, Neufundland und den Bermudas leitete, ein Schreiben der Britischen Admiralität in Händen, in dem Interessenten für den Postverkehr auf dem Atlantik gesucht wurden. Da er in Kanada keine Unterstützung fand, ging er nach Liverpool, wo er sich mit dem Ingenieur und Schiffsbauer Robert Napier zusammentat, der ihn wiederum mit George Burns und David MacIver bekannt machte. Burns war Eigner einer Postlinie zwischen Glasgow und Belfast und berühmt dafür, daß auf allen seinen Schiffen ein Pater an Bord war; MacIver brachte das nötige Kapital von etwa 200.000 Pfund auf. Sie gründeten »The British and North American Royal Mail Steam Packet Company« und schlossen mit der englischen Regierung einen Vertrag über sieben Jahre: Die Gesellschaft hatte vier Dampfer in Dienst zu stellen und schnellstens den Linienverkehr von Liverpool nach Halifax und Boston aufzunehmen. Von März bis Oktober jeweils am 4. und 19. jeden Monats, in den vier Wintermonaten sollte die zweite Fahrt entfallen. Dafür erhielt die Gesellschaft eine jährliche Subvention von 60.000 Pfund.

Die Schiffe »Britannia«, »Acadia«, »Caledonia« und »Columbia» waren alle vom gleichen Bautyp. Länge 63,1 Meter, Breite 10,5 Meter, Tiefe 6,9 Meter, 2.050 Tonnen Wasserverdrängung. Mit einer Zweizylinder-Seiten-Balanciermachine von 403 PS entwickelten sie eine Geschwindigkeit von 8,5 Knoten, der Kohlenverbrauch lag bei 38 Tonnen pro Tag. Ladekapazität: 640 Tonnen Kohle, 225 Tonnen Fracht und 90 Erste-Klasse-Passagiere.

Die »Britannia«, das erste der Schiffe, startete am 4. Juli 1840 zu ihrer ersten Atlantiküberquerung. Am 19. Juli lief sie in Boston ein. Die neue Linie war bei der Bostoner Bevölkerung sehr beliebt. Als die »Britannia« im Februar 1844 im Bostoner Hafen festfror und der Fahrplan durcheinanderzugeraten drohte, hackten die ortsansässigen Kleinhändler auf eigene Kosten einen 11 Kilometer langen Kanal ins Eis, durch den das Schiff zu gewohnter Stunde das offene Meer erreichte. Die Kosten für diese Aktion summierten sich auf stolze 20.000 Dollar.

Bald schon hieß die »British and North American Royal Mail Steam Packet Company« nur noch »Cunard Steamship Company Limited«, bekannt als die »Cunard Line«. Zwischen 1840 und 1850 hatten ihre Schiffe die unbestrittene Herrschaft im Dampfschiffverkehr zwischen England und Amerika, und sie startete den ersten ernsthaften Angriff auf die Vormachtstellung der amerikanischen Klipper. 1847 trat die amerikanische »Washington« gegen das Cunard-Schiff »Britannia« an. Am selben Tag, als die »Britannia« nach Liverpool ablegte, trat die »Washington« ihre Fahrt über Southampton nach Bremen an. Die »Britannia« erreichte ihr Ziel mit zwei Tagen Vorsprung. »Die Emotionen der Bevölkerung, die diese Niederlage auslöste, brachen schließlich den Widerstand des Kongresses, endlich Subventionen zu garantieren. Unter der Leitung von E.K. Collins aus New York wurde eine Gesellschaft gegründet, die den amerikanischen Liniendienst zwischen New York und Liverpool etablieren sollte.«

1848 bekam Collins von der amerikanischen Regierung 385.000 Dollar für die Einrichtung einer Transatlantik-Postlinie. 1849 wurde die »Collins-Line« gegründet. Die Engländer nahmen diese Herausforderung auf ihre Weise an. Sie erhöhten bis 1867 die Subventionen auf jährlich 173.340 Pfund, und die Britische Admiralität erhöhte die Anforderungen an die englischen Gesellschaften: Der Postdienst mußte verdopppelt werden. Jeden Samstag ging von Liverpool über Holyhead ein Schiff ab, das im wöchentlichen Wechsel entweder New York oder Boston anlief. Auf besondere Weisung der Admiralität mußte auch Halifax angelaufen werden. Als die »Cunard Line« noch ihre Frachttarife auf 7 Pfund 10 Schilling pro Tonne senkte, konterte die »Collins Line« mit Dumpingpreisen. Mit dem finanziellen Polster des Kongresses im Rücken beförderte sie die Tonne für umgerechnet 4 Pfund und 10 Schilling. Um Cunard zu schlagen, scheute Collins weder Kosten noch Mühen, um seine Schiffe zu den besten Werken der Schiffsbaukunst zu machen. 1850 waren vier Schiffe mit den Namen »Pacific«, »Baltic«, »Atlantic« und »Arctic« fertiggestellt, die selbst von der Konkurrenz als richtungsweisend anerkannt wurden. Charakteristisch für sie war vor allem das hohe Freibord, das den Schiffen auch in schwerer See eine gute Seetüchtigkeit verlieh. Die »Pacific« war das erste Schiff der »Collins Line«, das den Dienst zwischen New York und Liverpool aufnahm. Im Mai 1851 fuhr sie in 9 Tagen, 20 Stunden und 16 Minuten über den Atlantik, und im Februar stellte die »Arctic« einen neuen Rekord mit 3 Stunden weniger Fahrtzeit auf. Damit war das schnellste Schiff der »Cunard Line«, die in der Zwischenzeit – um Zeit zu sparen – Halifax wieder vom Fahrplan gestrichen hatte, um über einen Tag unterboten. Auch im Passagieraufkommen mußte Cunard erhebliche Einbußen hinnehmen. Zwischen Januar und November 1853 beförderten die Cunard-Schiffe 2.969 Passsagiere, die Konkurrenz hatte dagegen 4.306 Fahrgäste auf ihren Listen stehen.

Doch das Unternehmen, das so hoffnungsfroh begonnen hatte, endete in einem Desaster. Die »Arctic«, ein 2.860 Tonnen Schiff mit 86 Metern Länge und 13,3 Knoten Höchstgeschwindigkeit, kollidierte am 27. September 1854 mit der französischen »Vesta« und sank mit 520 Menschen. Nur 45 Personen überlebten das Unglück. Anfang 1856 verließ die »Pacific« den Hafen von Liverpool und wurde nie wieder gesehen. Auch der Stapellauf des 4.144 Tonnen Schiffes »Adriatic« konnte

Die 1861 in der jütischen Stadt Silkeborg erbaute »Hjeilen« ist der älteste noch fahrende Eisendampfer der Welt. Er dampft noch mit der über hundert Jahre alten oszillierenden Zweizylinder-Maschine.

den Niedergang der »Collins Line« nicht mehr aufhalten. Cunard hatte mit der 1855 gebauten »Persia« wieder die Führung an sich gerissen, und die amerikanische Regierung zog ihre Unterstützung zurück. Die Schiffe der »Collins Line« wurden von der »Inman Line« übernommen.

Mit dem Ende der »Collins Line« waren die Amerikaner nur noch mit der »Fulton«, der »Arago« und der »Vanderbilt« auf dem Atlantik vertreten. Die »Vanderbilt«, 1855 vom Stapel gelaufen, war der schnellste amerikanische Atlantikdampfer jener Tage. Der 1861 beginnende Sezessionskrieg setzte der kurz aufgeblühten amerikanischen Handelsdampfschiffahrt ein vorläufiges Ende. Sie war wieder fest unter europäischer Kontrolle.

In Deutschland eröffnete 1850 die Hamburger Reederei Robert M. Sloman eine Amerikalinie. Sloman wollte so nach und nach mit vier Dampfern den Atlantikdienst aufnehmen. Sein erstes Schiff wurde der eiserne Schraubendampfer »Helena Sloman«, der nur drei Reisen machen sollte. Nachdem sie schon zweimal auf der Route Hamburg – New York verkehrt hatte, stach die »Helena Sloman« am 26. Oktober 1850 erneut in See. Nach einem Zwischenaufenthalt in Southampton waren außer der Besatzung noch 15 Passagiere an Bord. Auf See gerieten sie in einen schweren Sturm, der zu einem irreparablen Maschinenschaden führte. Die Reise mußte unter Segeln fortgesetzt werden. Am 29. November sichtete der englische Segler »Devonshire« den Damp-

Modell der »Great Britain«, die in allen Häfen als technologische Sensation gefeiert wurde und tausende von Schaulustigen anlockte.

Oben: Auswanderer gehen an Bord.

Unten: Die »Great Western«, das erste Schiff des Ingenieurs Isambard Kingdom Brunel.

fer in sinkendem Zustand und nahm Passagiere und Besatzung an Bord. Neun Menschen ertranken. Nach diesem Unglück gab der Hamburger Reeder seine Amerika-Pläne auf.

1853 beschloß die »Hamburg-Amerikanische Packetfahrt Actien-Gesellschaft«, kurz »Hapag«, die seit 1847 sechs Segelschiffe im Atlantikdienst einsetzte, ihre Flotte mit Überseedampfern aufzustocken und bestellte zwei Schiffe. Die »Hammonia« wurde bei Caird & Co. in Grennock gebaut. Am 15. Juli 1855 absolvierte sie ihre Probefahrt und wurde an die »Hapag« überstellt. Diese vercharterte sie an die französische Regierung, die das Schiff im Krimkrieg als Truppentransporter einsetzte. Auch das Schwesterschiff »Borussia« wurde nach Fertigstellung von der »Hapag« nicht sofort in den Atlantikdienst übernommen, sondern an die englische Regierung verchartert, die sie ebenfalls als Truppentransporter im Krimkrieg verwendete. Am 1. Juni 1856 konnte die »Borussia« ihre eigentliche Jungfernreise nach New York antreten, genau einen Monat später folgte ihr die »Hammonia«. 1864 wurde die »Hammonia« nach England verkauft und dort in »Belgian« umbenannt. Am 1. Oktober 1873 strandete das Schiff – nun unter dem Namen »Missouri« – auf den Bahamas. Die »Borussia« sank am 2.12.1879 nach einem Unfall. Als drittes Schiff dieser Baureihe lief bei Caird & Co. die »Saxonia« vom Stapel, die am 7. 12. 1857 ihre Jungfernfahrt absolvierte. Zunächst fuhr auch sie 4 Monate für die englische Regierung als Truppentransporter nach Indien. Am 1.4. 1858 lief sie zu ihrer ersten Reise nach New York aus.

In Bremen wurde im Jahre 1857 der »Norddeutsche Lloyd« gegründet, dessen Flaggenschiffe immer unter dem Namen der Hansestadt fuhren. Die erste »Bremen« wurde 1858 in Dienst gestellt. Sie hatte 1710 BRT und erreichte eine Geschwindigkeit von 11 Knoten. Mit der Besatzung hatte sie Platz für 673 Personen; 60 Kajüt-Passagiere 1. Klasse, 110 Passagiere 2. Klasse und 401 Fahrgäste in den Zwischendecks. 1882 stellte der »Norddeutsche Lloyd« die »Elbe« vor, seinen ersten Schnelldampfer, der eine Tradition begründete, die später in der berühmten Vierschornsteiner-Serie fortgeführt wurde. Internationale Beachtung, wenn auch nicht im positiven Sinne, fand der Dampfer »Kaiser Friedrich«, der bei Schichau in Danzig mit der Baunummer 587 auf Kiel gelegt wurden. Statt mit den bestellten 22 Knoten schleppte sich die »Kaiser Friedrich« bei ihrer Probefahrt am 15.5. 1898 mit knapp 20 Knoten übers Wasser. Der »Norddeutsche Lloyd« lehnte die Übernahme ab und stellte das Schiff nur unter Vorbehalt auf der Atlantikroute in Dienst. Trotz mehrfachen Umbauarbeiten, bei denen u.a. die Schornsteine um 4,5 m verlängert wurden, fuhr der Dampfer unter 20 Knoten. Als die Werft das Schiff durch Gerichtsbeschluß zurücknehmen mußte, machte es noch 10 Charterreisen unter der Flagge der »Hapag«. Danach lag es 12 Jahre in Hamburg an den Pfählen, bevor es einen Eigner fand.

In Frankreich wurde 1854 die »Compagnie Générale

Oben: Die »Sirius« bei ihrer Ankunft in New York am 22. April 1838.
Unten: Die »Great Eastern« konnte wegen ihrer Größe in vielen Häfen nicht anlegen.

Maritime« gegründet, die nach einer Neuorganisation und daraus folgender Umbenennung in »Compagnie Générale Transatlantique« im Jahre 1861 mit der französischen Regierung ein Abkommen schloß, das ihr bei Indienststellung von fünf Dampfern im Amerikaverkehr jährliche Subventionen sicherte. Die fünf Schiffe wurden in Auftrag gegeben. Am 15. Juni 1864 nahm die »Washington« als erste den regelmäßigen Dampferdienst ziwschen Le Havre und New York auf.

Im Jahre 1845, als die »Great Britain« im August im New Yorker Hafen vor Anker lag, konnte man in einer amerikanischen Zeitung in einem Artikel folgendes lesen: »Wenn irgend etwas an der Konstruktion oder Technik dieses vortrefflichen Schiffes auszusetzen ist, ist es die Art und Weise wie sie mit einer Schraube angetrieben wird; und wir würden uns nicht wundern, wenn das, und zwar schon bald, durch Schaufelräder an den Seiten überholt wäre. Es kann nämlich kaum bezweifelt werden, daß eine derartige Verbesserung ihre Geschwindigkeit auf 18 Knoten steigern könnte, womit sie zum schnellsten Schiff auf dem Ozean gekürt würde.« Bereits zwanzig Jahre später war der Schaufelradantrieb im Transatlantikverkehr so gut wie verschwunden. Cunard stellte seinen letzten Schaufelraddampfer, die 3.870 Tonnen schwere »Scotia«, im Jahre 1863 in Dienst. Ihre Technik war so ausgereift, daß sie als erstes Schiff die magische 9 Tage-Grenze bei der Atlantiküberquerung um 21 Stunden unterbieten konnte. Sie fuhr 15,2 Knoten. 1869 durchbrach der Schraubendampfer »City of Brussels« von der »Inman Line«, der neuen amerikanischen Nationallinie, die 8 Tage-Grenze. Der neue Rekord lag bei 7 Tagen, 22 Stunden und 3 Minuten. 1871 tauchten zum erstenmal die Schiffe der »White Star Line« auf dem Atlantik auf und setzten neue Maßstäbe im Hinblick auf den Komfort für die Reisenden. Ihre Schiffe »Oceanic« und »Adriatic« zeichneten sich außerdem durch hohe Geschwindigkeiten und größtmögliche Pünktlichkeit aus. Auf der »Oceanic« waren die hölzernen Deckhäuser verschwunden, dafür hatte sie ein volles Deck mehr, das es ermöglichte, die Räume über die ganze Schiffsbreite zu vergrößern. Statt des alten Schanzkleides waren eiserne Relings angebracht, durch die übergekommenes Wasser schnell ablaufen konnte. Das Schiff war 137 Meter lang, 12,5 Meter breit und hatte 9,4 Meter Tiefgang bei 3.700 BRT.

Die 7 Tages-Grenze wurde zum erstenmal von der »Alaska« der »Guion Line« unterschritten, die 1882 nur noch 6 Tage und 22 Stunden für den Nordatlantik-Hochweg benötigte. 1888 liefen die im Auftrag der »Inman Line« gebauten Schwesternschiffe »City of Paris« und »City of New York« vom Stapel, die ersten Nordatlantikschnelldampfer mit zwei Schrauben. Die »City of Paris« war ganz aus Stahl gebaut und maß 171 Meter in der Länge, 19,3 Meter in der Breite und hatte 10.500 BRT. Jede der beiden Schrauben wurde von einer Dreifachexpansionsmaschine angetrieben, die in einem wasserdichten Schott montiert war. Sie entwickelte 20.000 PS. Im Jahre 1889, als die »Inman Line« zur »Inman

Die »Britannia« war der erste Hochseedampfer im Atlantikdienst der »Cunard Linie«

and International Company« umorganisiert wurde, brachte die »City of Paris« ein schönes Geburtstagsgeschenk nach Hause. Sie hatte die Westpassage in 5 Tagen, 19 Stunden und 18 Minuten hinter sich gebracht. 1892 verabschiedete der Amerikanische Kongreß ein Gesetz zum Aufbau einer amerikanischen Handelsflotte. Inmans Gesellschaft wurde in »International Navigation Company«, bekannt als »America Line«, umbenannt und fuhr von nun an unter amerikanischer Flagge. Auf der Werft von Cramp in Philadelphia wurde das zweite Schiffspaar gebaut, die »St. Louis« und die »St. Paul«, beide 1895 in Dienst gestellt. Etwas größer dimensioniert als ihre Vorgängerinnen, waren sie mit einigen technischen Neuerungen versehen und noch komfortabler ausgestattet. Die Baukosten beliefen sich pro Schiff auf 3,2 Millionen Dollar. Doch Cunard hatte noch bessere Schwestern aufzubieten, »Campania« und

An Bord waren seefeste Kühe, die für die täglich frische Milch der Passagiere sorgten. Die Wein- und Schnapsbar war schon morgens um 6 Uhr geöffnet.

»Lucania«, 13.000 Tonnen Schiffe mit 30.000 PS-Maschinen. Die »Lucania« schraubte 1893 den Atlantikrekord mit einer Durschnittsgeschwindigkeit von 22 Knoten auf 5 Tage, 7 Stunden und 23 Minuten. Vier Jahre später fuhr die »Kaiser Wilhelm der Große« des »Norddeutschen Lloyd« als erstes deutsches Schiff einen neuen Rekord heraus. Sie legte die Strecke von Sandy Hoock bis Needles mit einer Durchschnittsgeschwindigkeit von 22,35 Knoten zurück.

Die »Kaiser Wilhelm der Große« war das erste Schiff der Vierschornsteiner-Serie. Sie wurde auf der Vulcan-Werft in Stettin gebaut und lief am 4. Mai 1897 vom Stapel. Zwei Jahre lang war sie mit ihren 14.349 BRT, 199,5 m Länge, 20,1 m Breite und einer Dreifachexpansionsmaschine mit 31.000 PS das größte Schiff der Welt. Im Juli des Jahres 1900 verbesserte die »Deutschland« der »Hapag« die Rekordgeschwindigkeit zunächst auf 22,42 Knoten und verbesserte sich im Jahr darauf auf 23,5 Knoten. Am 22. April 1902 verlor die »Deutschland« im Atlantik Ruder und Hintersteven. Die Reparaturen bei Blohm & Voss waren sehr kostspielig, doch die Folgen des Unfalls – starke Vibrationen bei hoher Geschwindigkeit – ließen sich zunächst nicht beseitigen. Später wurde das Schiff aus dem Atlantikdienst genommen und zum Luxusliner für Kreuzfahrten umgebaut. Die »Hapag« war unter ihrem Direktor Albert Ballin die erste Gesellschaft, die ihre Schiffe im Winter, wenn weniger Passagiere im Linienverkehr zu erwarten waren, auf Kreuzfahrt schickte.

Schon mit der »Great Eastern« hatte sich gezeigt, daß mit großen Schiffen viele bautechnische Probleme einfacher zu lösen waren und diese Riesen in Sturm und schwerer See sicherer waren und für die Passagiere angenehmer. Doch erst 1899 wurde ein Schiff gebaut, das

die »Great Eastern« in der Länge übertraf, die »Oceanic«. Sie hatte eine Länge von 215 Metern, nicht ganz 21 Meter Breite und 17.240 BRT. Auch die Passagiere nahmen jetzt die großen Schiffe an, die mit so zuverlässigen Maschinen ausgerüstet waren, daß auf die Hilfsbesegelung verzichtet werden konnte. Nicht zuletzt boten sie mehr Komfort, was auch in den Quartieren der Zwischendecks spürbar war. Als letztes dieser großen Schiffe sei hier noch der Cunard-Dampfer »Mauretania« erwähnt, der – mit Turbinenantrieb ausgestattet – eine neue Epoche in der tansatlantischen Handelsschiffahrt einleitete. 1904 wurde die »Mauretania« mit ihrem Schwesterschiff »Lusitania« auf der Werft von John Brown am Clyde mit Regierungshilfe auf Kiel gelegt, und 1907 nahm sie ihren Dienst auf. Als sie 1906 vom Stapel lief, stand eines der ersten und erfolgreichsten Fahrgastschiffe mit über 30.000 Tonnen vor seiner Vollendung. Es wies folgende Maße auf: 232,2 Meter Länge, 26,8 Meter Breite, 31.938 BRT. Seine 25 Kessel, die täglich über 1.000 Tonnen Kohle fraßen, speisten vier Dampfturbinen, die mit 75.000 PS den vier Schrauben etwa 180 Umdrehungen in der Minute verliehen. Im Mittelschiff hatte sie sieben Decks, und 15 Schotten teilten das ganze Schiff in 16 wasserdichte Abteilungen. Die Besatzung umfasste 812 Mann, davon allein 224 Heizer und Kohlentrimmer. Alles in allem bot es Platz für 3.147 Menschen. In der 1. Klasse befanden sich Kabinen für 560 Passagiere, in der 2. Klasse für 475 und in der 3. Klasse für 1300. Insgesamt 22 Jahre hielt die »Mauretania« den Rekord für die schnellste Atlantiküberquerung, den sie selbst mehrfach verbesserte. 1907 fuhr sie mit über 24 Knoten, 1909 verbesserte sie sich auf 26 Knoten und 1929 auf 27,22 Knoten, nachdem sie sieben Jahre zuvor auf Ölfeuerung umgebaut worden war.
Fasziniert von diesen großen Schiffen und ihrer Jagd nach immer neuen Rekorden war auch Gerhard Hauptmann. In seinem Roman »Atlantis«, veröffentlicht 1909, beschreibt er die Geschichte des Schnelldampfers »Roland«, der in einer schrecklichen Katastrophe endet. Zwei Jahre später schon sollte diese düstere Fiktion ihre Entsprechung in der Realität finden. In der Nacht vom 14. auf den 15. April 1911 stieß die als unsinkbar geltende »Titanic«, die der »Mauretania« das blaue Band abjagen sollte, mit einem Eisberg zusammen und riß ein 90 Meter langes Loch in die Außenhaut. Zwei Stunden sank der Luxusliner und riß 1.500 Menschen mit in die Tiefe.

Das Blaue Band

Als 1935 die offiziellen Regeln für den Wettbewerb um das »Blaue Band des Ozeans« festgeschrieben wurden, also für die schnellste Überquerung des Nordatlantiks zwischen Bishop's Rock auf den britischen Scilly-Inseln und dem Ambrose-Leuchtfeuer vor New York durch ein Passagierschiff, hatte die begehrte Trophäe bereits eine über hundertjährige Geschichte hinter sich. Das ewige »größer, schneller, besser«, das die Geschichte der Dampfschiffahrt wie ein roter Faden durchzieht, fand in den Wettfahrten zwischen Europa und Nordamerika seinen Höhepunkt. Und wie einst bei den Rennen auf dem Mississippi war natürlich jede große Linie brennend daran interessiert, diese Auszeichnung als Gütesiegel im eigenen Hause zu haben. Welche Folgen die Jagd um's »Blaue Band« auch haben konnte, zeigte die Katastrophe der »Titanic«, als sich herausstellte, daß sie nachts, ohne die Geschwindigkeit zu drosseln, die durch Eisberge gefährdete kürzere Route südlich der Großen Neufundlandbank gefahren war, nur um den Geschwindigkeitsrekord an sich zu reißen.

An Bord

»Die Einrichtung ... ist wirklich wundervoll«, und »Zu essen gibt es entsetzlich viel. Die Tafel ist immer sehr hübsch gedeckt ...«, schrieb eine Erster-Klasse-Passa-

Die Trägerinnen des »Blauen Bandes« waren:

1838	»Great Western«	1340 BRT	8,75 Kn.	Großbrit.
1840	»Britannia«	1156 BRT	9,28 Kn.	Großbrit.
1852	»Artic«	2860 BRT	13,20 Kn.	USA
1856	»Persia«	3300 BRT	13,75 Kn.	Großbrit.
1863	»Scotia«	3871 BRT	15,20 Kn.	Großbrit.
1881	»Servia«	7400 BRT	17,00 Kn.	Großbrit.
1881	»Umbria«	8100 BRT	19,00 Kn.	Großbrit.
1885	»City of Paris«	10449 BRT	20,00 Kn.	Großbrit.
1889	»Teutonic«	9984 BRT	20,35 Kn.	Großbrit.
1891	»Campania«	12952 BRT	21,20 Kn.	Großbrit.
1893	»Lucania«	12952 BRT	22,00 Kn.	Großbrit.
1897	»Kaiser Wilhelm der Große«	14349 BRT	22,35 Kn.	Dt. Reich
1900	»Deutschland«	16502 BRT	23,51 Kn.	Dt. Reich
1906	»Kaiser Wilhelm II.«	19361 BRT	23,58 Kn.	Dt. Reich
1907	»Mauretania«	31938 BRT	24,00 Kn.	Großbrit.

Die »Pacific« nahm als erstes Schiff der »Collins Line« den Liniendienst zwischen New York und Liverpool auf.

Die »Atlantic« und ihre drei Schwesternschiffe »Pacific«, »Baltic« und »Arctic« wurden selbst von der Konkurrenz als richtungsweisend im Schiffsbau angesehen.

Ein Plakat der »Hamburg-Amerikanische Packetfahrt-Actien-Gesellschaft« mit den wichtigsten Schiffen von 1847 bis 1904. Die »Hapag« hat erst ab 1855 Dampfer in ihrer Flotte.

gierin, die im April 1887 mit dem Schnelldampfer »Sachsen« auf eine Reise von Antwerpen nach China ging. Ihre Eindrücke und Beschreibungen des Lebens an Bord muten wie aus einen Rokoko-Schlößchen an. Überall Spiegel und Bilder an den Wänden, gelbseidene Damastmöbel und goldurchwirkte Teppiche; im Salon ein Piano, wo nur möglich Arabesken, alles geschweift, alles kokett. Auch der Speiseplan war schierer Luxus, Köstlichkeiten im Überfluß. Schon morgens wurde ein Menü geboten, die Gänge zum Dinner waren auf Karten gedruckt. Wer ein Dessert wollte, wählte zwischen Eis, Kuchen und Torten, Äpfeln, Apfelsinen, Weintrauben, Nüssen, Krachmandeln, Feigen und Rosinen. Die freie Zeit der hochgestellten Gäste war ausgefüllt mit Sonnenbädern, Spaziergängen auf dem Promenadendeck, Shuffle-Board-Spielen oder mit einer Schiffsführung durch einen Offizier. »Man kann's sich schon gefallen lassen ...« ist denn auch der lapidare Kommentar eines Reisenden.

Gegen Ende des 19. Jahrhunderts wurde den Kunden der großen Linien noch ein besonderer Service angeboten, der Reise-Scheck. Außer der Verringerung der Bargeldmengen, die der Fahrgast sonst mit sich führen mußte, boten sie auch noch andere Vorteile. »Die Schecksumme ist zu einem festen, vom jeweiligen Wechselkurs unabhängigen Kurs in die Währungen der wichtigsten Kulturländer umgerechnet; diese Umrechnung ist jedem Scheckheft aufgedruckt. Die Einlösung erfolgt ... ohne Avis oder Abzug von Spesen oder Diskont zu dem Nennwert in der betreffenden Landeswährung ... Der Reisende ist mit Hilfe der Reiseschecks den Schwankungen des Wechselkurses nicht unterworfen und so auch gegen Übervorteilung seitens der Zahlstelle gesichert«. Gültig waren diese Papiere zwischen ein und zwei Jahren und in der Regel auf acht Währungen ausgestellt.

Eine Vorstellung von den Ausmaßen des Großbetriebes auf einem Liner geben ein paar Daten der »Kaiser Wilhelm II.« wieder, eines Doppelschrauben-Schnellpostdampfers des »Norddeutschen Lloyd«. An Bord war Platz für 2.488 Personen: 775 Fahrgäste in 290 1. Klasse-Zimmern, 343 in 102 Zimmern der 2. Klasse und 770 in sieben großen Räumen der 3. Klasse. Die Besatzung bestand aus 600 Köpfen, davon 24 Maschinisten, 12 Assistenten, 18 Schmierer, 219 Heizer, 13 Köche, 38 Aufwäscher, 171 Kellner. Auf der Ladeliste für eine Reise nach New York und zurück ist unter anderem folgendes zu finden: 22.000 kg frisches Fleisch, 6.000 kg Geflügel und Wild, 40.000 kg Kartoffeln, 26.000 kg Mehl, 46.000 kg verschiedene Nahrungsmittel wie Kaffe, Eier, Austern und Muscheln, Butter, Zucker und verschiedene Getränke. Außerdem 202 m^3 Frischwasser und 866 m^3 Trinkwasser. In den Kohlebunkern lagerten 5.700 Tonnen Kohle. Zur Standardausrüstung gehörten noch 2.700 Glühbirnen, 17 Feuermelder, Telephone, elektrische Klingeln in den Kabinen, elektrische Zigarrenanzünder, elektrisch gewärmte Brennscheren in jedem Schlafzimmer, elektrisch betriebene Tellerwasch- und Messerputzmaschinen, Tellerwärmer, Dampfkaf-

Die »Borussia«, ein Eisendampfer der »Hapag«, nach ihrer Übernahme in den Passagierverkehr im Juni 1856. Fast ein Jahr lang hatte sie als Truppentransporter gedient.

Die 2.500 t große »Saxonia« war nach »Borussia« und »Hammonia« der dritte Hochseedampfer der »Hapag« im Nordatlantikverkehr. Sie waren die Grundsteine für den Aufbau einer großen Dampferflotte.

Die »Hammonia II« der »Hapag« lief am 15. Februar 1867 vom Stapel. Am 19. Juli 1892 gesunken.

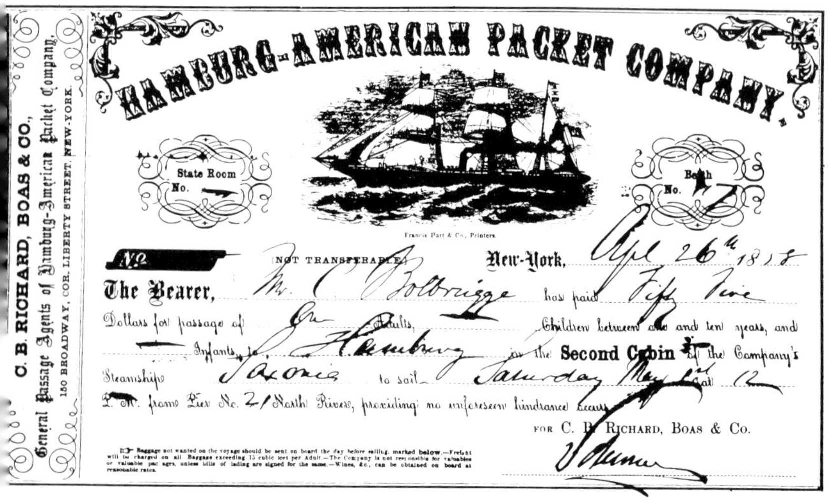

C. B. RICHARD, BOAS & CO.,
General Passage Agents of Hamburg-American Packet Company,
150 BROADWAY, COR. LIBERTY STREET, NEW-YORK.

HAMBURG-AMERICAN PACKET COMPANY.

State Room No.

Berth No. 17

Francis Hart & Co., Printers.

No.

(NOT TRANSFERABLE.)

New-York, Apl 26th 1858

The Bearer, Mr. C. Bolbrügge has paid Fifty Five Dollars for passage of One Adults, Children between one and ten years, and Infants, to Hamburg in the Second Cabin of the Company's Steamship Saxonia to sail Saturday May 1st at 12 P. M. from Pier No. 21 North River, providing no unforeseen hindrance occurs.

FOR C. B. RICHARD, BOAS & Co.

Baggage not wanted on the voyage should be sent on board the day before sailing, marked below.—Freight will be charged on all Baggage exceeding 15 cubic feet per Adult.—The Company is not responsible for valuables or valuable packages, unless bills of lading are signed for the same.—Wines, &c., can be obtained on board at reasonable rates.

Fahrkarte vom 26. April 1858 für eine Reise auf der »Saxonia« von New York nach Hamburg. Die Fahrgäste 1. Klasse erwartete an Bord eine luxuriöse Ausstattung und abwechslungsreiche Tage.

feemühlen, Dampfkochapparate, Destillierapparate zur Gewinnung von Trinkwasser durch Verdampfung von Seewasser, Posträume samt mehreren Schalterbeamten, eine Druckerei zur Herstellung der Speisekarten und Konzertprogramme, 50 Badezimmer waren an Bord und 75 Klosetts für die Fahrgäste der 1. und 2. Klasse.

Nicht ganz so komfortabel war es um die Mitte des 19. Jahrhunderts zugegangen. »... einige Dutzend Passagiere wurden in engen, schlecht beleuchteten und muffigen Kabinen auf kleinen Schaufelraddampfern transportiert, die sich mit 8,5 Knoten in der Stunde müde über den Ozean schleppten ...« Noch schlimmer war es auf den frühen Auswandererschiffen. Selbst an Bord der englischen Sträflingsschiffe waren die Lebensbedingungen während der Überfahrt besser. Die Folge war, daß sehr viele Auswanderer ausgemergelt und krank neuen Boden betraten. Einziger Vorteil der Auswandererdecks war der billige Fahrpreis. Charles Dickens beschreibt in seinem »Martin Chuzzlewit« die Nöte der Menschenfracht in den Zwischendecks. Auf die Frage, ob er nach der Überfahrt nun endlich das Land der Freiheit betrete, läßt er seinen Helden antworten: »Nach soviel Wasser ist es jedes Land.«

Verbesserungen hinsichtlich der Unterbringung von Passagieren und im Schiffsbau brachten erst zwei Gesetze, die in England erlassen wurden. 1851 wurde der »Steam Navigation Act« angenommen, der die Bestimmungen über Sicherheit und Seetüchtigkeit der Dampfschiffe festlegte. 1855 folgte der sogenannte »Merchant Navy Act«, der erstmals die wirksame Kontrolle der Lebensbedingungen an Bord ermöglichte und genaue Bestimmungen über Belüftung, Lebensmittel- und Wasservorrat sowie Überbelegung enthielt. Der Unterschied zu den oberen Decks blieb nach wie vor unüberbrückbar, doch die Zwischendecks hatten jetzt wenigstens ein Minimum an Bequemlichkeit aufzuweisen.

Unter den Decks aber herrschte »König Kohle«, schwitzten die Heizer und Schlepper in den mit erstikkender Hitze und beißendem Rauch gefüllten Kesselräumen. Sie verrichteten Tag und Nacht ihre schwere Arbeit, waren am schlechtesten bezahlt, oft ohne Papiere und die letzten, die die rettenden Boote erreichten, wenn das Schiff voll Wasser lief. Hatten zuvor auf den Schiffen die Matrosen gearbeitet, mit den aus ihren Reihen hervorgegangenen Steuerleuten und Kapitänen, kam seit Symington und Fulton die »Maschinen-Gang« dazu, der dritte Stand der Seeleute. Außenseiter, die Kohlengeruch und Fettgestank in die Quartiere und

Die »Scotia« war der letzte Schaufelraddampfer, der von der »Cunard Line« in Dienst gestellt wurde.

Bunks trugen. Ein Dampfschiff »... ist gar kein eigentliches Schiff mehr. Es ist eine schwimmende Maschine«, schreibt Bernhard Traven in seinem Roman »Das Totenschiff«. »Arbeiter braucht diese Maschine und Ingenieure.« Von der 600 Mann starken Besatzung der »Kaiser Wilhelm II« waren etwa 220 zum Wohle der Passagiere abgestellt, 273 dienten in der »Schwarzen Bande«. Ihr Schichtdienst ging rund um die Uhr. Innerhalb von 24 Stunden wurden 672 Tonnen Kohle verfeuert.

Von Vollmatrosen und Decksleuten mit Geringschätzung bedacht, schufen sie sich eigene Gemeinschaftssymbole und prägten einen eigenen Fachjargon, der mit seinem Englisch an der Durchsetzung dieser Sprache als internationale Seemannssprache nicht ganz unbeteiligt war. In ihren Tätowierungen trugen sie keine Anker, Flaggen oder Segelschiffe, sondern Schürhaken und Heizerschaufeln, Hammer, Schraubenschlüssel oder Manometer und Dampfregulator. Die »Schwarzen«, oft genug arbeitslose Handwerker, nahmen die gewerkschaftliche Organisierung der zur See Fahrenden in Angriff. Ab 1890 gab es in England die ersten gewerkschaftlichen Gruppen. Auch in Deutschland wurden nach dem Fall der Sozialistengesetze Gewerkschaftsgruppen gegründet. 1897 schloß sich das Seemannsproletariat zur »Internationalen Föderation der Schiffs- und Hafenarbeiter« zusammen.

Erst 1899 wurde Brunels Riesenschiff in der Länge übertroffen. Die »Oceanic« war 215 Meter lang, 4 Meter länger als die »Great Eastern«.

Rechts: Die »Deutschland«, das schwarze Schaf aus der berühmten Vierschornsteiner-Serie der »Hapag«.

In Konkurrenz zum Segelschiff

Ausgerechnet Kapitän Rogers, der die »Savannah« über den Atlantik geführt hatte, wird eine Bemerkung zugeschrieben, die die Achillesferse der Dampfschiffahrt traf. Zahlen für die Bewegung auf See? Dieser Gedanke schien Rogers geradezu absurd. Ein Dampfschiff mußte riesige Mengen an teurem Brennstoff mit sich führen, der Wind dagegen war umsonst. Rund 70 Jahre nach dem Preisausschreiben der französischen Akademie schien die Praxis dem Gewinner Bernoulli wenigstens zum Teil noch Recht zu geben. Dampf als Antriebsmittel für Schiffe auf See war unbrauchbar. Die Technik des Segelschiffbaus hatte enorme Fortschritte gemacht. Die Schiffe waren größer und schneller, und eine ausgefeilte Takelage erlaubte den Betrieb mit verringerter Mannschaft. Ein guter Segler überquerte den Atlantik in 15, längstens 20 Tagen, und anstatt Kohle und Holz zu bunkern, um die klotzigen Kessel und Maschinen in Betrieb zu halten, stand mengenweise billiger Frachtraum zur Verfügung. Kurzum, die Segelschiffe waren wirtschaftlicher in Fahrt zu halten.

Nur auf den Flüssen ließ sich der Einsatz von Dampfern rechtfertigen, wenn genügend Brennstoff vorhan-

Die erste »Bremen« des »Norddeutschen Lloyd«, die 1858 in Dienst gestellt wurde.

den war und die Bunkerkapazitäten deshalb auf ein Minimum reduziert werden konnten. Auf langen Strecken dagegen stellten sich große Probleme. Als im Frühjahr 1830 die »Hugh Lindsay« der »East India Company« von Bombay nach Suez fuhr – die erste Fahrt eines Dampfers auf dem Roten Meer –, hatte sie nur einen Passagier an Bord. Abgesehen davon, daß ihre normalen Kohlevorräte sowieso nur für sechs Tage Dauerbetrieb hinreichten, war die Strecke so lang, daß selbst die Kabinen mit Kohlen belegt werden mußten. Waren unterwegs aber Bunkerhäfen vorhanden, war die Kohle meist teuer, zum Teil sogar auf Segelschiffen angeliefert, wie entlang der amerikanischen Pazifikküste, wo es keine Kohlevorkommen gab. Das Nachladen der Dampfer mit Heizmaterial nahm so viel Zeit in Anspruch, daß ein Segelschiff, sollte der Dampfer vorher auch schneller gewesen sein, den Rückstand mehr als aufholen konnte.

Die Lösung des Problems lag vor allem in der Größe der Dampfschiffe und in der Entwicklung Brennstoff und Platz sparender Maschinen. Den Segelschiffen waren rein bautechnisch Grenzen gesetzt, die sie nicht überschreiten konnten. War es aber möglich, genügend große Dampfschiffe zu bauen, konnte jedes die Aufgaben zahlreicher Segelschiffe übernehmen. Wegweisend in dieser Richtung war die »Great Eastern«, die die beinahe unbegrenzten Möglichkeiten der neuen Schiffsgeneration aufzeigte. Im Verein mit der Erfindung brennstoffsparender Kessel und leistungsfähigerer Dampfmaschinen, die in der zweiten Hälfte des 19. Jahrhunderts bis zur Serienreife entwickelt wurden, leiteten sie den Wechsel vom Segler zum Dampfschiff ein. Dennoch blieb zur Eroberung der Weltmeere noch lange Jahre ein dichtes Netz von Kohlestationen erforderlich. In dieser Hinsicht war die Eröffnung des Suezkanals im Jahre 1869 eine geopolitische Revolution. Von Segelschiffen unpassierbar, verkürzte er die Route um's Kap der Guten Hoffnung um Tausende von Meilen. Das Mittelmeer wurde für die Dampfschiffahrt das Tor zum Osten.

Auf dem Atlantik konnte das dampfbetriebene Schiff seinen Nutzen schon früher unter Beweis stellen, da

Die »Cimbria«, mit 3.037 BRT vermessen, wurde 1866 bei der englischen Werft Caird and Co. in Greenock für die »Hamburg-Amerikanische Packetfahrt-Actien-Gesellschaft« erbaut und lief im gleichen Jahr vom Stapel. Am 29. März 1867 stach sie zu ihrer erfolgreichen Probefahrt in See und nahm danach Dienst im Amerikaverkehr auf. Sechzehn Jahre später, am 19. Januar 1883 sank sie nach einer schweren Kollision mit dem englischen Dampfer »Sultan« vor der holländischen Küste bei Borkum. Das Unglück kostete 437 Menschen das Leben.

Ein früher Nordatlantik-Dampfer der »Hapag« mit Hilfsbesegelung.

Die »Campania« und ihr Schwersterschiff »Lucania« waren die Antwort Cunards auf die Neubauten der »Amerika-Linie«. Beide eroberten das »Blaue Band«.

Der Luxusliner »Columbia« bei starkem Seegang im Nordatlantik. Mit diesem Schiff stellte die »Hapag« als zweite Reederei der Welt Zweischrauben-Schnelldampfer in Dienst.

Die »Mauretania« war eines der erfolgreichsten Fahrgastschiffe in der Geschichte der Transatlantik-Schiffahrt, das 22 Jahre lang das »Blaue Band« halten konnte und ihre eigenen Geschwindigkeitsrekorde mehrfach überbot. Auf dem Bild mit der 1894 erbauten Yacht »Turbinia«, dem ersten Schiff mit Turbinenantrieb. Beide Schiffe stehen am Anfang einer neuen Epoche der Dampfschiffahrt.

hier die Routen kürzer waren und die Konkurrenz zwischen England und Amerika der Dampfschiffahrt dank staatlicher Unterstützung erheblichen Auftrieb gab. Trotzdem wurden die letzten großen Segelschiffe, die »western ocean packets«, erst in den Jahren zwischen 1880 und 1890 verdrängt.

Wie schon erwähnt, konnte sich die Dampfschiffahrt auf den Binnengewässern relativ schnell entwickeln. In Amerika war sie oft die einzige Möglichkeit, die Flüsse als Verkehrs- und Transportwege zu erschließen, da sie von Segelschiffen nicht befahrbar waren. In Europa dagegen gab es bereits sehr früh ausgebaute Wasserwege. Flußabwärts konnte die Strömung den Transport der Güter übernehmen, flußaufwärts mußten die Lastkähne geschleppt werden. Vor dem Einsatz von Dampfschiffen wurden die Kähne getreidelt, meist von Pferden, die auf ausgebauten Uferwegen die Fahrzeuge an langen Seilen gegen den Strom zogen. Eine langwierige, für Mensch und Tier gleichermaßen anstrengende Angelegenheit. Da aber die Flüsse im Gegensatz zu den Kanälen nicht reguliert waren und leicht versandeten, standen einem Dampferbetrieb erhebliche Schwierigkeiten im Wege. Eine Lösung bot die Kettenschiffahrt, die »Tauerei«. 1732 zum erstenmal auf der Elbe erprobt, wurde sie erst 1820 auf der Sâone bei Lyon richtig angewandt. Die Schleppschiffe wanden sich an einer eisernen Kette, die von einem Greifer gefaßt wurde, flußaufwärts. 1853 wurde auf der Seine ein Kettendampfer eingesetzt, der sich bestens bewährte. Weitere Flüsse in Frankreich, Belgien und Holland folgten. 1871 wurde auf der Elbe von Magdeburg bis zur böhmisch-sächsischen Grenze eine Kette verlegt und die dampfbetriebene Kettenschiffahrt aufgenommen. Sie erwies sich dem normalen Dampferverkehr als weit überlegen. War ein Raddampfer von Magdeburg nach Dresden etwa 120 Stunden unterwegs, konnte ein Kettendampfer ein Vielfaches der Last in nur 72 Stunden schleppen.

Die 980 PS Turbine der kleinen Yacht drehte mit 2.200 Umdrehungen in der Minute und verlieh dem Fahrzeug eine Geschwindigkeit von 39,5 Knoten. Die vier Dampfturbinen der »Mauretania« entwickelten 75.000 PS, die Schrauben drehten 180 mal pro Minute.

Kriegsschiffe mit Dampfantrieb

Wie schon an einigen Beispielen klar geworden ist, stellten sich der Einführung des Dampfantriebs auf Handelsschiffen die vielfältigsten Widerstände entgegen. Noch größer war die Ablehnung der neuen Technik in den Kriegsmarinen. Üblicherweise erprobte zuerst die Kriegsmarine neue Entwicklungen in der Seefahrt, ehe sie dann von der zivilen Handelsschiffahrt übernommen wurden. Der Dampfantrieb bildete hier eine große Ausnahme. Bis das erste Kriegsschiff mit Dampfantrieb gebaut wurde, waren von der Handelsschiffahrt schon Hunderte von Dampfern gebaut worden, die erfolgreich auf Seen und Flüssen verkehrten.

Es mag eine Rolle gespielt haben, daß die neue Technologie erst noch ihre Brauchbarkeit auf hoher See bewei-

Mit seinen Vierschornstein-Dampfern setzte der »Norddeutsche Lloyd« neue Maßstäbe und läutete das »Jahrzehnt der Deutschen« auf dem Nordatlantik ein. Von 1897 bis 1907 waren Liner wie die »Kronprinzessin Cecilie« die schnellsten Passagierschiffe der Welt. Die Stettiner Vulcan-Werft stellt mit diesen Schiffen ihren hohen Standard in der Kunst des Schiffsbaus unter Beweis.

sen mußte. Trotzdem hatten die Herren der Admiralitäten fast immer die gleichen Einwände: Die großen Schaufelräder seien für den Feind ein gutes Ziel, und ihre Beschädigung würde das Schiff manövrierunfähig den gegnerischen Kanonen aussetzen. Außerdem fürchtete man Kesselexplosionen oder Feuer an Bord, was für ein Kriegsschiff doppelt gefährlich wäre. Ein gewichtiges Argument war der sowieso schon knappe Raum an Bord, der durch Maschinen und Kessel noch weiter beschränkt würde. Der Hinweis, daß ein von Wind und Wetter unabhängiges Schiff seine Gefechtsposition überlegen wählen könnte, wurde mit der Feststellung gekontert, daß diese Schiffe viel zu wenig Kanonen tragen könnten und daher einem segelnden Feind mit höherem Kampfwert von vorneherein unterlegen wären.

Lieber wolle er sterben, als die stolze englische Flotte von diesen qualmenden Teekesseln angetrieben sehen, wetterte ein alternder Admiral. Eine Flotte habe sich auf ihre Linienschiffe zu verlassen. Doch auch er stimmte schließlich zu, den Stolz der Flotte wenigstens bei Flaute oder Gegenwind mit Dampfschleppern aus dem Hafen schleppen zu lassen. War es auch entwürdigend, hatte es doch erhebliche Vorteile, die Schiffe schnell in freies Wasser bringen zu können. Zu mehr schienen die Dampfschiffe nicht nütze zu sein. Im Winter 1816/17 wurde erstmals das Postschiff »Regent« für diesen Zweck gechartert, und bis 1822 hatte die Britische Navy sogar zwei eigene Dampfschlepper bauen lassen. Die »Monkey« und die »Comet« wurden jedoch nicht in die offiziellen Schiffslisten der Marine aufgenommen. Diese Ehren wurden erstmals der »Active« und der »Lightning« im März 1828 zuteil, die beide im Gegensatz zu den reinen Schleppdampfern leicht bewaffnet waren.

Da Kessel und Maschinen bei den Raddampfern meist

Oben: Reling mittschiffs bei einem Schiffsmodell.
Mitte: Luxuriös eingerichtete Kabine der ersten Klasse auf einem großen Passagierdampfer. Für die große Toillette der Damen standen elektrische Brennscheren zur Verfügung, für die kleine Runde der Herren elektrische Zigarrenanzünder. Auf Knopfdruck erschien der Steward.
Unten: Kleiner Speisesaal eines Dampfers, der heute noch auf dem Titicacasee zwischen Peru und Bolivien verkehrt. Als Geschenk der englischen Regierung wurder er zerlegt, die Einzelteile auf der Eisenbahn unter großen Mühen zum See transportiert und dort wieder zusammengesetzt.

vollständig über der Wasserlinie lagen und dort durch Beschluß leicht zerstörbar waren, kam in den 30er Jahren die Überlegung auf, Kriegsschiffe aus Eisen zu konstruieren und ihren Antrieb auf Schrauben umzustellen, da diese keine Zielscheibe boten und außerdem die Tieferlegung der Kessel und Maschinen erlaubte. Auch dagegen gab es Einwände von höchster Stelle. Eiserne Schiffe seien schwerer zu reparieren als die aus Holz, und der Schraubenantrieb sei nicht leistungsfähig genug, um den Ansprüchen der Marine zu genügen. Bald erwies sich jedoch, daß die eisernen Schiffe nicht nur besser und schneller zu reparieren waren, sondern auch billiger um Unterhalt. Trotzdem weigerte sich die englische Admiralität, eine 1842 in England gebaute eiserne Fregatte abzunehmen, die dann an Mexiko verkauft werden mußte. Auch John Ericsson, der einen Schraubendampfer gebaut hatte, fand mit seinen Ideen keinen Anklang bei den Marinelords. Doch spätestens nachdem die »Great Britain« elf Monate nach ihrer Havarie vor der irischen Küste frisch repariert ihren Dienst aufnahm, war die Überlegenheit der Eisenrümpfe offensichtlich.

Um die Frage zu klären, ob nun Schaufelrad oder Schiffsschraube besser sei, veranlaßte die Admiralität am 3. April 1845 den berühmten »tug-off-war« zwischen der Radfregatte »Alecto« und dem mit Schraubenantrieb ausgestatteten Kanonenschiff »Rattler«. Beide Schiffe hatten Maschinen mit 200 PS Nominalleistung, die »Rattler« 888 Tonnen Wasserverdrängung, die »Alecto« 800 Tonnen. Die Schiffe waren mit einer Trosse am Heck miteinander verbunden. Bei ruhigem Wasser schleppte die »Rattler« ihr Schwesterschiff trotz wild schäumender Schaufelräder mit etwa 2,5 Knoten davon. Ein überzeugender Beweis der Vorzüge des Schiffspropellers.

Es wurde weiter experimentiert, erst noch mit kleinen Schiffen, dann baute man dampfbetriebene Korvetten und Mitte des Jahrhunderts hielt der Dampfantrieb auch auf größeren Linienschiffen Einzug, allerdings nur als Hilfsantrieb. Sicherheitshalber waren die Schiffe noch voll getakelt. In verschiedenen Scharmützeln erhielten sie ihre Feuertaufe, sammelten praktische Erfahrungen und schlugen sich trotz leichterer Bewaffnung recht wacker. Den letzten Beweis der Überlegenheit der Dampfkriegsschiffe brachte der Krimkrieg. Bei seinem Beginn 1853 hatten sowohl Großbritannien als

auch Frankreich nur wenige Linienschiffe und Fregatten unter Dampf, die aber die bevorstehende Revolutionierung der Seekriegsführung ahnen ließen.
Zur Verbesserung des Kampfwertes der Dampfschiffe, die bautechnisch bedingt nur wenige Kanonen tragen konnten, wurden großkalibrige und weitreichende Geschütze entwickelt, die die immer noch als sehr verwundbar geltenden Dampfer aus dem Feuerbereich der gefürchteten Breitseiten halten sollten. Die Tragweite dieser Entwicklung zeigte sich in einem Gefecht im April 1827, in das die »Karteria« verwickelt war. Als »Perseverance« von Lord Cochrane in Greenwich in Auftrag gegeben, nahm sie später am Krieg in Griechenland teil. Mit ihren stärkeren Geschützen, deren Kugeln im Kesselofen auf Rotglut erhitzt wurden, ver-

senkte sie innerhalb einer Stunde eine türkische Kriegsbrigg, die unter dem Schutz von Küstenbatterien in einer Bucht ankerte. Die »Karteria« blieb während des ganzen Gefechts für die Kanonen der Türken unerreichbar. Drehbare Geschütze ermöglichten schließlich das Bestreichen der durch die hohen Radkästen entstandenen toten Winkel, die mit der Erfindung der Flachka-

Oben: Das Musikzimmer der 1. Klasse an Bord der »Auguste Victoria« der »Hapag«, die als erstes Schiff der Welt auf Vergnügungsreisen ging. Musikabende und Konzerte gehörten zum abwechslungsreichen Programmteil der Reise.
Unten: Die weiten Hafenanlagen des »Norddeutschen Lloyd« in Bremerhaven.

none für Granaten zur Entwicklung der schweren Schiffsartillerie auf Drehtürmen führte. Der französische General Paixhans hatte 1822 in seinem Buch »Nouvelle Force Maritime« erstmals Pläne entwickelt, Mörsergranaten nicht mehr im Hochschuß abzufeuern, sondern als Flachbahngeschosse zu verwenden. In der Schlacht bei Sinope am 30. November 1853 bewiesen diese Granaten-Kanonen ihre todbringende Wirkung, als russische Schiffe die türkische Holzflotte in Trümmer schossen. Die Wirkung dieser Granaten beschleunigte auf der anderen Seite die Anstrengungen, Kriegsschiffe zu panzern. Diese Panzerungen erforderten wiederum stärkere Geschütze, die Feuerkraft über weite Distanzen eine größere Zielgenauigkeit. In verstärktem Maße wurden deshalb gezogene Rohre eingeführt und die Hinterlader verdrängten Kanonen, die durch das Geschützrohr geladen werden mußten. Die benötigten Pulvermengen wurden geringer, die Geschütze auf eisernen Rahmen montiert und die Geschosse hermetisch in den Lauf eingepaßt.

Das Innenleben eines »Hapag« Schnelldampfers von der Kommandobrücke bis in die Kohlenbunker. Eine schwimmende Stadt mit Platz für mehrere tausend Menschen.

Am nachhaltigsten wirkte sich der Einsatz von Dampfschiffen auf die bis dahin geltenden Regeln der Seekriegsführung aus. Sie veränderten das Gleichgewicht zwischen Offensive und Defensive. Das Dampfschiff war eine Offensivwaffe und bald wurde den Zauderern klar, daß eine kleine, taktisch gut geführte Dampferflotte einer zahlen- und kanonenmäßig stärkeren Segelflotte weit überlegen war.

Die ersten Segel-Linienschiffe, die mit Dampfantrieb versehen wurden, waren »Ajax«, »Horatio« und »Nelson«, ältere englische Segelschiffe, die umgebaut wurden. 1849 wurde das erste ausdrücklich für den Schraubenantrieb geplante 90-Kanonen-Linienschiff, die »Agamemnon«, auf Kiel gelegt. Auch dieses Schiff war eigentlich noch ein Segler. Der breite Bug und das breite Heck verhinderten eine optimale Wirkungsentfaltung der Schraube, trotzdem lief es 11 Knoten. Obwohl der Krimkrieg das Ende der »wooden walls« eingeläutet hatte, ließ England 1858 noch ein Linienschiff vom Stapel, das ganz aus Holz gebaut war. In Frankreich dagegen hatte man die Zeichen der Zeit erkannt, und mit der Fertigstellung des ersten sogenannten Panzerschiffs im Jahre 1859 begann eine neue Ära im Kriegsschiffbau. Der Konstrukteur Dupuy de Lôme war der Vater der Panzerfregatte »Gloire«. Ursprünglich sollte sie ebenfalls als reguläres Linienschiff gebaut werden, wurde dann aber in eine gepanzerte Fregatte umkonstruiert. Der Holzrumpf war vom Deck bis zwei Meter unter die Wasserlinie mit 12,7 cm starken Eisenplatten bewehrt. Mit einer 4.200 PS Maschine erreichte sie 13 Knoten. Ihre Abmessungen: 78 Meter Länge, 16 Meter Breite, 7,8 Meter Tiefgang, 5.528 Tonnen Wasserverdrängung. Als englische Antwort lief 1861 die »Warrior« vom Stapel, das erste ganz aus Eisen gebaute Kriegsschiff der Welt.

Mit kompletter Takelung ähnelte sie stark den zeitgenössischen Klippern. Um sie bei einer Länge von 127 Metern, 116 Metern in der Wasserlinie, nicht zu schwer

Oben: Der belgische Dampfer »Julia David« ist noch mit einer vollständigen Briggtakelung versehen und gehört in die Übergangszeit vom Segelschiff zum Dampfschiff.

Obwohl 1888 die Übergangsphase als abgeschlossen gelten kann, ist auch der deutsche Dampfer »Belgrano« noch vollständig getakelt.

Seegefecht bei Helgoland am 9. Mai 1864.

Unten: Die Korvette »Charlotte« der Kaiserlich Deutschen Marine wurde 1886 in Dienst gestellt und entspräche heute einem leichten Kreuzer. Zum Schluß diente sie als Wohn- und Hilfsschiff und wurde nach 1921 abgewrackt.

Rechts: Das Gemälde »The Fighting Temerair« von William Turner ist für das nahe Ende der Ära der Segelschiffe symbolisch. Die »Temerair« segelte in der Schlacht von Trafalgar hinter Nelsons Flaggschiff »Victory«.

Einer der letzten Schaufelraddampfer auf dem Rhein, der als Schlepper eingesetzt wurde. Besonders auffallend sind die weit ausladenden Seitenräder.

Die Dampffregatte »Cyclopa« aus dem Jahre 1839 gehört mit zu den ersten Dampfkriegsschiffen.

zu machen und seetüchtig zu halten, war sie nur in der Rumpfmitte durch 11,4 cm starke Eisenplatten gepanzert, 25 Meter vorn und achtern waren ungeschützt. Bei 9.210 Tonnen Wasserverdrängung erreichte sie mit einer 5.470 PS Maschine eine Höchstgeschwindigkeit von über 14 Knoten. Die »Warrior« wird oft als das erste Schlachtschiff bezeichnet; dieser Begriff wurde aber erstmalig im Jahre 1868 für die englische »Ocean« offiziell eingeführt. Die »Ocean« war das erste Kriegsschiff, auf dem die Kanonen zu einer Mittelbatterie zusammengefaßt waren und nicht mehr seitlich in Reihe standen.
Ericsson, der bereits erwähnte Ingenieur aus Schweden, war nach seinen vergeblichen Versuchen, in England Fuß zu fassen, 1839 nach Amerika ausgewandert. 1836 hatte er auf der Themse ein Schraubenboot gebaut, dessen Maschinen unterhalb der Wasserlinie lagen. Er bot seine Dienste der Britischen Admiralität an und lud sie zu einer Probefahrt auf der »Flying Devil« ein, um den

Die von den Südstatten geborgene 40-Kanonenfregatte »Merrimac« nach ihrem Umbau in die als unverletzlich geltende »Virginia«.

Die Antwort der Nordstaaten war die von Ericson erbaute »Monitor«.

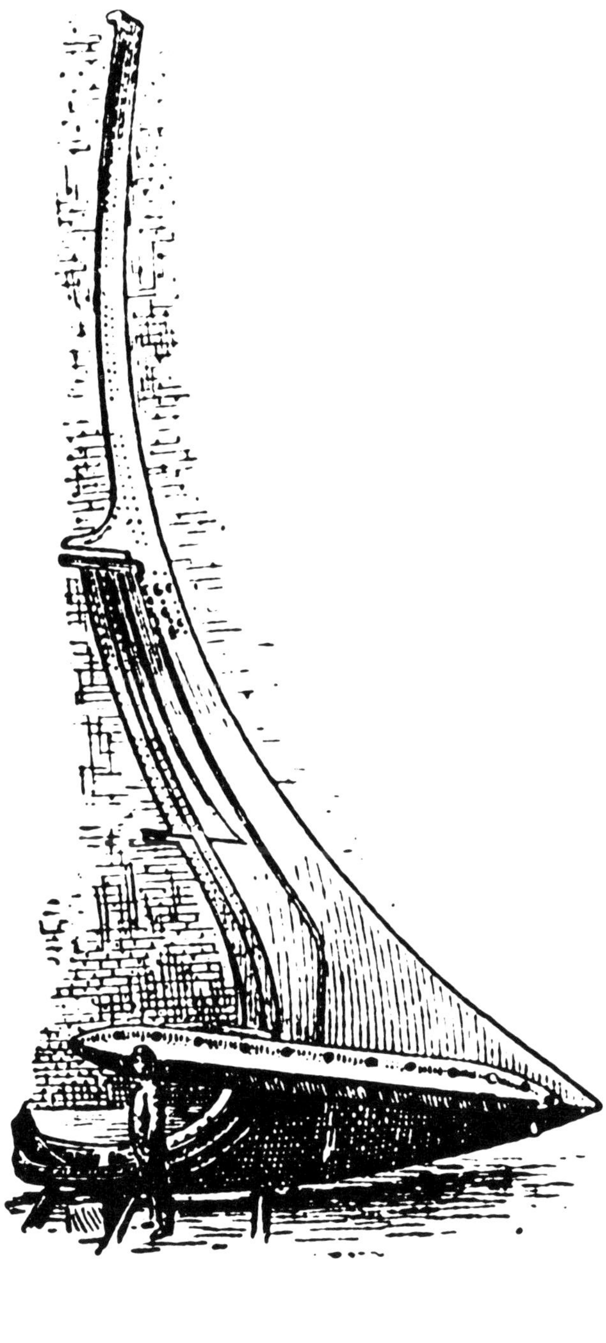

Links: Rammsporn eines Kriegsschiffes.

ehrenwerten Lords die Vorzüge der neuen Bauweise vor Augen zu führen. Nach der Fahrt erklärte Sir William Simonds, seines Zeichens Chefkonstrukteur der Marine, daß ein Kriegesschiff mit Heckschraube nicht steuerbar sei. Die Admiralität hörte auf den Rat ihres eigenen Experten. Nicht so zwei Amerikaner, die sich Ericssons Schiff etwas genauer angesehen hatten. Sie luden ihn ein, nach Amerika zu kommen. Dort machte er sich 1841 an den Bau der 1.046 Tonnen Fregatte »Princeton«, die 1843 vollendet wurde. Sie war das erste Schrauben-Kriegsschiff der Welt und hatte ihre Maschinenäume vollständig unterhalb der Wasserlinie. Außer dieser Premiere hatte die »Princeton« noch weitere Vorzüge aufzuweisen. Anstelle von Kohlen wurde sie als erstes Kriegesschiff der Welt mit Anthrazit gefahren, der beim Verbrennen weniger Rauchwolken hinterläßt, die die Kriegsschiffe gewöhnlich schon von weitem verrieten. Schließlich und endlich hatte sie als erstes Dampfschiff einen Teleskop-Schornstein und einen künstlichen Zug. Die französische Regierung war von Ericssons Talent so angetan, daß sie ihn nach Fertigstellung der »Princeton« sofort nach Frankreich verpflichtete, um dort ein Kriegsschiff mit denselben Baumerkmalen zu konstruieren. Die »Pomone« wurde das erste per Schraube angetriebene Schiff im Dienst der französischen Marine.
Zurück in Amerika baute Ericsson ein Schiff, das im

Nicht nur in Rußland wurden kreisrunde Schiffe, die sogenannten »Popoffkas«, gebaut. Auch in Amerika kamen Fähren mit rundem Deck zum Einsatz.

Verlauf des Bürgerkrieges am ersten Aufeinandertreffen von zwei vollständig gepanzerten Fahrzeugen beteiligt war. Zu Beginn des Krieges hatten die Konföderierten die Marinewerft von Norfolk erobert, in der die zurückweichenden Unionstruppen alle Schiffe verbrannt und versenkt hatten. Sie hoben die alte 40 Kanonen Fregatte »Merrimac«, die 1855 in Charlestown gebaut worden war, trugen die verbrannten Teile ab und errichteten eine geschlossene Kasematte aus Eichenbohlen, die mit 7,6 cm Eisenplatten und Eisenbahnschienen gepanzert war und dem Schiff das Aussehen einer schwimmenden Scheune verliehen. Der Bug war verstärkt und mit einer gußeisernen Ramme versehen. Als »Virginia« verließ dieses durch Artillerie unverletzbar

Historische Seeschlachten beflügelten schon immer die Phantasie der Sammler. Hier die mit bemalten Dampfkriegsschiffen aus Zinn nachgestellte Seeschlacht um Cuba.

geltende Fahrzeug am 8. März 1862 den Hafen von Norfolk, um in den Hampton Roads Blockade-Schiffe der Nordstadten zu versenken.
Am folgenden Tag näherte sich aus dem Norden ein ebenfalls merkwüdig anmutendes Wasserfahrzeug , die »Monitor« des John Ericsson, die in etwa einer treibenden Keksdose glich. Sie war die eilige Antwort der Nordstaaten, als durch Überläufer durchgesickert war, daß in Norfolk diese fürchterliche »Virgina« gebaut wurde. Am 5. Oktober 1861 hatte Ericsson den Vertrag zum Bau eines Panzerschiffes unterzeichnet, das schon am 31.12. 1861 vom Stapel lief. Die Pläne dazu hatten fertig in seiner Schublade gelegen. Das 776 Tonnen-Schiff »Monitor« bestand aus zwei Teilen. Der Schwimmkörper, 37,8 Meter lang, 10,36 Meter breit und 2, 29 Meter Raumtiefe, war mit Eisenplatten von 12,7 cm Stärke gepanzert. Auf ihm saß ein 53 Meter langer, 12,6 Meter breiter und 1,52 Meter hoher »Dekkel« aus 76,2 cm dicken Eichenbalken, die mit gewalzten Eisenplatten, 15,24 cm dick, gepanzert waren. Dieses Oberteil ragte etwa 60 cm aus dem Wasser. Mittschiffs stand ein drehbarer Geschützturm aus genieteten Eisenplatten mit 20, 32 cm dicker Panzerung und zwei Geschützen. Seine Innenmaße waren 6,1 Meter im Durchmesser und 2,74 Meter in der Höhe. Der Rumpf und die forcierbaren Kessel wurden über vier Luftschächte mit Frischluft versorgt.
Den ganzen Vormittag hämmerten die beiden Fahrzeuge aufeinander ein, bis sich die »Virgina« nach Süden zurückzog. Außer ein paar Verwundeten, unter ihnen die Kommandanten Buchnan von der »Virgina« und Worden von der »Monitor«, hatten die Schiffe keinen größeren Schaden genommen. Die »Monitor«, nur für Fahrten auf Flüssen geeignet, sank einige Monate später in einem Sturm vor Kap Hatteras. Trotzdem diente sie als Vorlage für weitere 25 »Monitore«, denen sie ihren Namen gab.
Captain Coles war der erste, der versuchte, Ericssons Drehturm mit Seeschiffen zu verbinden. Das Ergebnis war die »Captain« mit offenem Turmdeck und zwei Drehtürmen. Aber das Schiff war zu instabil und ging in einem Sturm in der Biscaya ohne Überlebende unter. Der Chefkonstrukteur der englischen Marine, Sir E.J. Reed, zog daraus die Konsequenzen und baute das erste Schlachtschiff, das nur mit Maschinen angetrieben wurde, die »Devastation«, die 1873 vom Stapel lief. Sie hatte zwei Schrauben und erreichte 13 Knoten. Ihre Daten: 87 Meter lang, 19 Meter breit, 9.536 Tonnen Wasserverdrängung. Die Panzerung der Türme betrug 25,4 cm, an der Stirn 30,5 cm; der Rumpf trug Eisenplatten, die zwischen 20,3 und 30,5 cm dick waren.

In Leningrad liegt der russische leichte Kreuzer »Aurora« vor Anker, der 1896 erbaut wurde und heute noch als Schulschiff einsatzfähig ist.

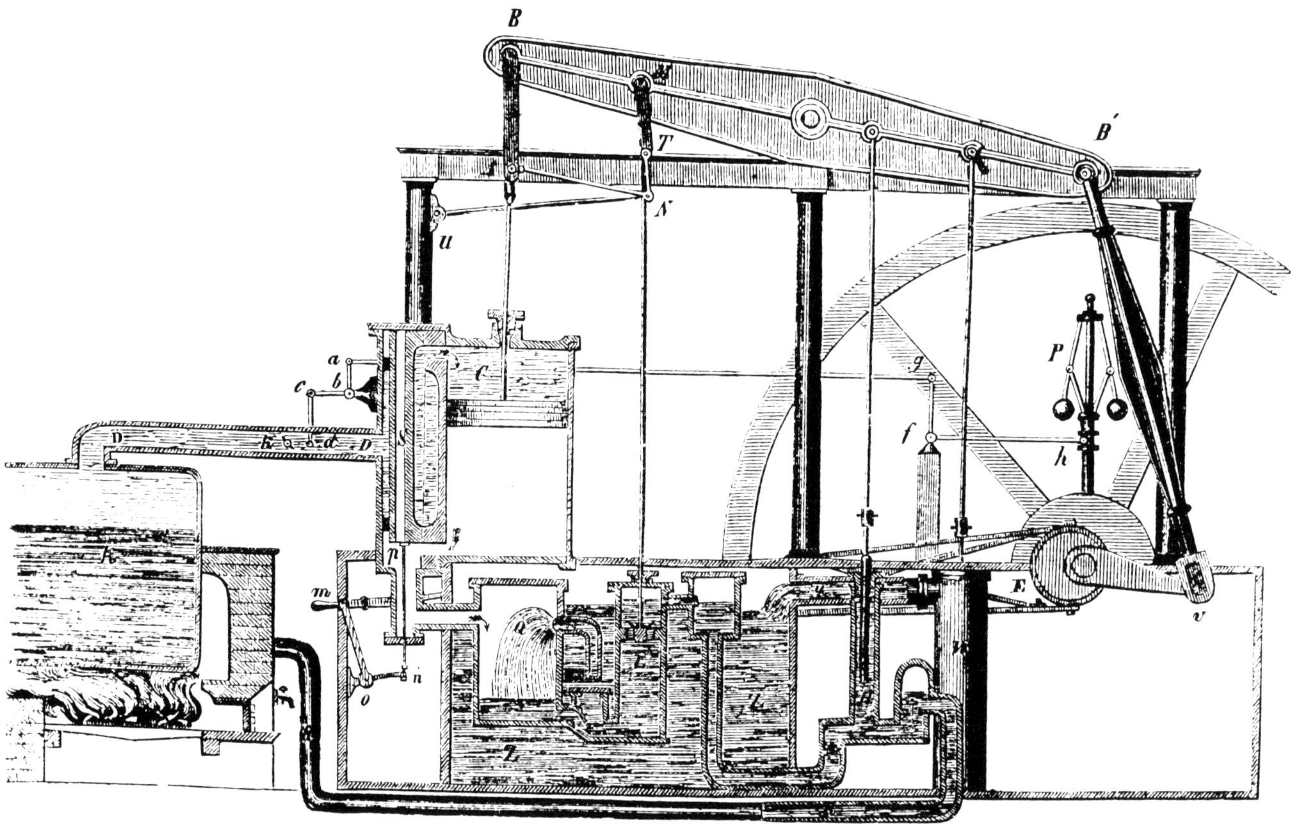

Eine stehende doppeltwirkende Balanciermaschine von James Watt, wie er sie zusammen mit Matthew Boulton etwa ab 1780 baute. Die Maschine ist schon mit einem Fliehkraftregler zur Konstanthaltung der Maschinendrehzahl ausgerüstet.

Als ausgefallene Schiffskonstruktion müssen hier noch die kreisrunden Schiffe der russischen Marine erwähnt werden, die nach ihrem Erfinder, dem Admiral Popoff, »Popoffkas« genannt wurden. Zwei dieser Fahrzeuge wurden gebaut. Die »Nowgorod«, 1873 in Dienst gestellt, hatte einen Durchmesser von 31 Metern und war mit zwei 30,5 cm Kanonen bewaffnet. Die Geschwindigkeit betrug trotz sechs Schrauben nur etwa 7 Knoten.

In Italien strebte Benedetto Brin die bestmögliche Kombination von Bewaffnung, Panzerstärke und Geschwindigkeit an. Das Ergebnis lag im Jahre 1876 vor, die Schwesterschiffe »Duilio« und »Dandolo«. Die Geschütztürme dieser Linienschiffe waren so angeordnet, daß ihre Bestreichungswinkel durch keinerlei Schiffseinrichtungen gestört wurden. Sie erreichten Geschwindigkeiten von über 15 Knoten und waren an der Wasserlinie 55,8 cm stark gepanzert, an den Türmen 45,7 cm stark. Die Bewaffnung bestand aus 45,7 cm Armstrong-Vorderladern, den schwersten Geschützen, die zu haben waren.

Die 1892 von Sir William White konstruierte »Royal Sovereign« wurde Vorbild für eine ganze Schiffsklasse. Insgesamt liefen 7 englische Linienschiffe der Royal-Sovereign-Klasse vom Stapel. Herausragende Konstruktionsmerkmale waren das extrem hohe Freibord und eine Stahlrumpfkonstruktion, die bei leichter Bauweise gleichzeitig bessere Panzerungen aufweisen konnte. Das Mutterschiff war 116 Meter lang, 23 Meter breit und hatte 14.150 Tonnen Wasserverdrängung. In zwei offenen Barbetten trug sie vier 34,3 cm Kanonen, daneben noch 35 leichtere Kanonen und Maschinenwaffen für Nahgefechte mit den aufkommenden Torpedobooten. Seine Geschwindigkeit lag bei 18 Knoten.

Einen krassen Gegensatz zum Erscheinungsbild der englischen Schiffe boten die Kriegsschiffe der Franzosen. Mit ihren hohen Aufbauten, den dicken Masten und kleinen Geschütztürmen mit extrem langen Rohren wirkten sie wie mittelalterliche Festungen. Die »Charles Martel«, 1893 fertiggestellt, ist eines der besten Beispiele für die französischen Schlachtschiffe um die Jahrhundertwende. In der Wasserlinie war sie mit 45 cm gepanzert, auf den Geschütztürmen mit 35,6 cm. Um die Hauptartillerie gruppierten sich mehrere kleinere Kaliber.

Den französischen Kriegsschiffen ähnlich waren die deutschen Linienschiffe der Kaiser-Klasse, die unter der Regie von Admiral Tirpitz entstanden, der durch seine Flottengesetze die Grundlagen für die Aufrüstung der Reichsmarine geschaffen hatte. Als erstes von 5 Schiffen lief im Jahre 1901 die »Kaiser Barbarossa« vom Stapel. Wie der französische Panzerkreuzer »Dupuy de Lôme«, das erste Kriegsschiff mit drei Schrauben, das 1890 aus der Werft gekommen war und einen 14 Meter langen Rammsporn vor sich herschob, waren auch die Schiffe der Kaiser-Klasse mit 3 Schrauben ausgerüstet. Die »Kaiser Barbarossa« verdrängte 11.000 Tonnen und erreichte mit 13.500 PS eine Geschwindigkeit von

17,5 Knoten. Außer mit 34 Kanonen verschiedenen Kalibers war sie auch noch mit 6 Torpedorohren bewaffnet.

Kessel, Kohlen, Dampfmaschinen

In der Antike als »Wasserrauch« bekannt, wurden schon sehr früh Versuche mit Dampf angestellt. Erfolgreich waren aber erst die Erfindungen des französischen Physikers Papin. Bekannt von ihm sind der »Papin'sche Topf«, dessen Prinzip heute noch im Schnellkochtopf Anwendung findet, und das Sicherheitsventil. 1687 kam Papin auf Einladung des Landgrafen Karl von Hessen nach Marburg und später nach Kassel, wo er als Professor für Mathematik tätig wurde. Bei Christian Huygens in Paris hatte er das Prinzip der Pulvermaschine, in der durch Abbrennen von Schießpulver ein Pumpenkolben bewegt wurde, studiert, das er 1698 beim Bau seiner atmosphärischen Dampfmaschine anwendete, die als die erste funktionstüchtige Dampfmaschine

Dampfmaschine und zwei der vier Schaufelräder der »Comet« des Schotten Henry Bell. Die Maschine steht heute im Science Museum von South Kensington.

angesehen wird. Weiterentwicklungen wurden sehr bald von Th. Savery und Newcomen durchgeführt, der 1705 ein Patent auf seine Maschine erhielt. 1712 verbesserte er den Wirkungsgrad durch Einbau einer Vorrichtung, die eine schnellere Kondensation des Dampfes durch Einspritzen von kaltem Wasser in den Zylinder ermöglichte. Newcomens Maschinen wurden hauptsächlich zum Auspumpen des Grundwassers in Kohlegruben verwendet, wo sie wirtschaftlich arbeiten konnten, da Brennstoff zur genüge vorhanden war. Sie verbrauchten ca. 6 Kilogramm Kohlen je PS-Stunde und drehten sehr langsam.

Einen Markstein in der weiteren Entwicklung setzte James Watt mit seiner Balanciermaschine. Im Jahre 1765, an der Glasgower Universität als Instrumentenmacher tätig, erfand er den vom Zylinder getrennten Kondensator. Den Zylinder isolierte er gegen Wärmeverlust und pumpte das nicht kondensierte Gas aus der Maschine ab. 1769 ließ er sich diese Erfindung patentieren. 1775 tat er sich mit dem Maschinen- und Pumpenfabrikanten Matthew Boulton zusammen, um die neu entwickelte Dampfmaschine in großem Umfang fertigen zu können. 1780 gelang es ihm, mit Kurbel- und Schwungrad die Auf- und Abbewegung der Kolbenstange über das Balancier in eine Drehbewegung zu übersetzen, und 1784 erfand er das »Watt'sche Parallelogramm« zur Führung der Kolbenstange. Eine weitere Watt'sche Erfindung ist der Fliehkraftregler zur Konstanthaltung der Maschinendrehzahl. Obwohl die frühen Watt'schen Maschinen schon sehr zuverlässig arbeiteten und eine Lebensdauer von etwa 70 Jahren hatten, gab es hinsichtlich der Nutzung auf Schiffen vor allem ihrer Größe und ihres mit 4 kg pro PS-Stunde immer noch sehr hohen Kohleverbrauches wegen viele Schwierigkeiten.

Die Verbesserungen der Folgezeit strebten nach Verringerung der Betriebskosten und größeren Maschinenleistungen, was nur durch Erhöhung der Dampfspannung, veränderlicher und mehrfacher Expansion (Compound-Maschinen) und Überhitzung des Dampfes erreichbar war. Die wesentlichen Schritte auf diesem Entwicklungsweg kamen 1776 von Hornblower mit ersten Versuchen zur Zweifachexpansionsmaschine, 1800 von Trevithick und Evans mit der Erhöhung des Dampfdruckes und 1892 von Schmidt mit der Erfindung der Heißdampfmaschine, die den Kohleverbrauch pro PS-Stunde auf 0,6 kg senkte.

Die Vorteile der mehrfachen Expansion hatte bereits James Watt erkannt, die erste funktionierende Zweifachexpansionsmaschine wurde jedoch erst 1804 von Arthur Woolf gebaut. Im Gegensatz zu den alten Niederdruckmaschinen, die unter 3 at Dampfdruck arbeiteten, handelte es sich um eine Hochdruckmaschine mit Einspritzkondensation, deren Zylinder bei Raddampfern vertikal, entweder feststehend oder um Zapfen schwingend (oszillierend), bei Schraubendampfern zunächst liegend angeordnet wurden. Ihr Wirkungsprinzip bestand darin, den Temperaturunterschied zwischen dem frischen und dem gebrauchten Dampf auf zwei Zylinder zu verteilen. Der Hochdruckzylinder gibt den Dampf nach der Arbeitsleistung an einen Niederdruckzylinder weiter, wo er nochmals Arbeit verrichtet, ehe er kondensiert wird.

Bei dieser oszillierenden Dampfmaschine befindet sich der Zylinder unterhalb der Kurbelwelle. Der nach oben stoßende Kolben ist ohne Pleuel angelenkt.

James P. Allaire baute bereits 1824 Compoundmaschinen auf dem Hudson, und in den dreißiger Jahren konstruierte der Niederländer G.M. Roentgen Schiffsmaschinen nach dem gleichen Prinzip. Roentgen ersetzte außerdem das Balancier, indem er die Längsbewegung des Kolbens über eine Pleuelstange in Drehbewegung umsetzte. Roentgen unternahm auch Versuche, den Dampfdruck zu erhöhen, was aber aufgrund mangelnder Kesselanlagen nicht zum gewünschten Ergebnis führte. Beide, Allaire und Roentgen, waren mit ihren Maschinen ihrer Zeit voraus, denn erst 1858, als John Elder die Zweifach-Expansionsmaschinen mit einem Oberflächenkondensator versehen und beträchtlich verbessert hatte, wurden die Compoundmaschinen allgemein eingeführt. Später zu Drei- oder Vierfach-Expansionsmaschinen mit bis zu 12 at Arbeitsdruck weiterentwickelt, waren sie die Grundlage für die Maschinen der großen Liner. Die »Inman Line« führte 1888 als erste Gesellschaft die Mehrfachexpansionsmaschinen auf ihren Transatlantik-Schiffen ein. Auf Raddampfern arbeiteten sie meist mit Einspritzkondensation und großem Hub mit etwa 50 Umdrehungen in der Minute, auf Schraubendampfern mit Oberflächenkondensation, kleinerem Hub und etwa 500 Umdrehungen.

Schwierigkeiten hatte es zunächst bei der Einführung der Schiffsschrauben gegeben, die im Vergleich zu den

Ein dick isoliertes Leitungsgewirr und Dampfdruckmanometer prägen das Bild des Maschinenraums auf einem Dampfer.

Die Kesselanlage und der Schornsteinansatz des Seitenraddampfers »Meißen«, der im Jahre 1881 erbaut wurde. Heute im Schiffahrtsmuseum Bremerhaven.

Schaufelrädern wesentlich größere Drehzahlen benötigten. Die Entwicklung schnelldrehender Maschinen befand sich aber erst im Anfangsstadium, zum anderen waren sie noch auf die Bedürfnisse der Raddampfer zugeschnitten, die bei zu hohen Drehzahlen an den Schaufelrädern unkontrollierbare Zentrifugalkräfte entwickelt hätten. Man behalf sich durch Übersetzungsgetriebe mit Zahnrädern aus Holz und Gußeisen, die einen beträchtlichen Betriebslärm verursachten. Als die Balancier-Maschinen durch oszillierende und später durch direktwirkende Maschinen abgelöst wurden, die entsprechende Drehzahlen aufwiesen, schreckte das Stoßen und Rumpeln der bewegten Massen manchen Fahrgast ab, wie auf der »Great Britain« Brunels. Erst Schlick gelang es, die gewaltigen Kräfte auszugleichen und den Schiffen damit eine ruhige Fahrt zu ermöglichen.

Während die Leistungsfähigkeit der Dampfmaschinen relativ schnell gesteigert werden konnte, stand der Kessel lange Zeit einer Weiterentwicklung der Dampfmaschinentechnik im Wege, da es sich als äußerst schwierig erwies, Kessel zu bauen, die den für die Maschinen notwendigen Dampfdruck lieferten. Die ersten Kessel waren aus Kupfer oder Eisen und hatten die Form einer Halbkugel. Aus der Frühzeit der Dampfmaschine sind sogar Kessel aus Holz bekannt, die natürlich keine lange Lebensdauer hatten. Eine wichtige Neuerung war die Verlegung der Feuerstellen, die zu Anfang noch unter dem Kessel lagen, in den Kessel selbst, wo die Wärmeausnutzung der Verbrennungsgase ungleich höher war.

Watts erster Kessel mit außen angebrachtem Rauchabzug und in feuerfestem Mauerwerk ausgeführtem Dampfabzug entwickelte nur 0,35 at, eine Leistung, die in den ersten Jahren des 19. Jahrhunderts kaum wesentlich gesteigert werden konnte. Die Durchschnittswerte lagen zwischen 0,3 und 0,5 at. Die damit erreichbare Maschinenleistung erlaubte noch keine größeren Fahrten auf See. Obwohl in der Herstellung um einiges teurer, wurden die Kessel meist aus Kupfer gebaut, da sie stabiler als diejenigen aus Eisen waren und vor allem weniger schnell korridierten. Ein Nachteil war, daß das Wasser in ihnen nicht als Trinkwasser verwendet werden konnte, da es hohe Werte an Kupferoxyden enthielt. Speziell auf den amerikanischen Flüssen wurde mit Kupferkesseln gefahren. Auf den flachrumpfigen Schiffen vor jedermanns Augen liegend, gehörte es zum Renommee, daß der Kessel regelmäßig poliert wurde und glänzte. Waren die Kessel mit Seewasser gefüllt, bildete sich in ihnen alsbald eine Salzkruste, die regelmäßig entfernt werden mußte, da sie die Kesselwände gegen Hitze isolierte.

1822 wurde von David Napier erstmals ein Oberflächenkondensator auf einem Schiff verwendet. Dieser Kondensator versprach viele Probleme zu lösen, arbeitete jedoch so langsam, daß er die Injektionskondensation noch nicht verdrängen konnte. Samuel Hall verbesserte 1833 den Oberflächenkondensator so weit, daß

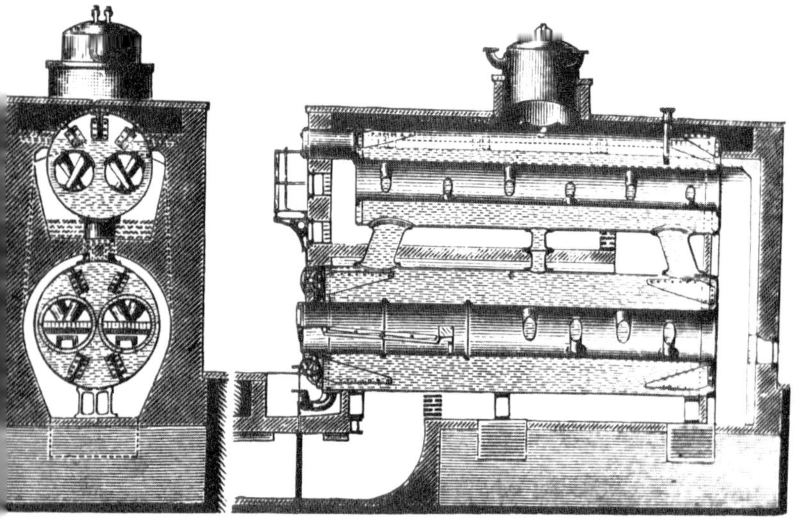

Flammrohrkessel mit Gallowaystutzen.

Rechts: Der Heronsball, der historische Vorläufer der Dampfturbine, die Anfang dieses Jahrhunderts die Kolbendampfmaschine ablöste.

Unten: Die Seiten- und Rückenansicht der Balanciermaschine an Bord des US-Postdampfers »Arctic«, erbaut im Jahre 1851.

er erlaubte, die Kessel mit destilliertem Wasser zu füllen und zur Leistungssteigerung der Dampfmaschinen beitrug. Ohne diesen Kondensator wären die Fahrten der »Sirius« und der »Great Western« wohl kaum möglich gewesen.
Ein großer Schritt nach vorn war die Entwicklung des Flammrohrkessels, der sich in den Jahren 1827 bis 1828, von dem Franzosen Marc Seguin zur Serienreife entwickelt, durchzusetzen begann. In diesem Kessel wurden die Verbrennungsgase mittels vieler dünner Rohre, den Flammrohren, in den Schornstein geführt. Schon Fitch hatte 1790 mit einem ähnlichen Kessel auf der »Experiment« ca. 3 Tonnen Mauerwerk eingespart. Entsprechend ihrer noch rechteckigen Bauweise nannte man sie auch »Kofferkessel«. Die Bezeichnung »Schottischer Kessel« meint denselben Typus. Der Betriebsdruck konnte mit ihnen bis auf 2,5 at gesteigert werden. Nach der Änderung der Form zu einem nahezu elliptischen Querschnitt und geraden Wänden steigerte sich der Dampfdruck auf 4,5 at. Der zylindrische Schottische Kessel, der den in den Lokomotiven benutzten Kesseln glich und etwa um 1850 zum ersten Mal auf Schiffen eingebaut wurde, erlaubte dann einen Druckanstieg bis zu 9 at. Seine verbesserte Proudhon-Capus und Howden-Johnson Version behauptete sich unbestritten bis in die dreißiger Jahre unseres Jahrhunderts.
Doch vor allem die Kriegsmarinen hatten an den Schottischen Kesseln einiges auszusetzen. Die vielen dünnen Röhren führten bei zu schnellem Erhitzen zu starken

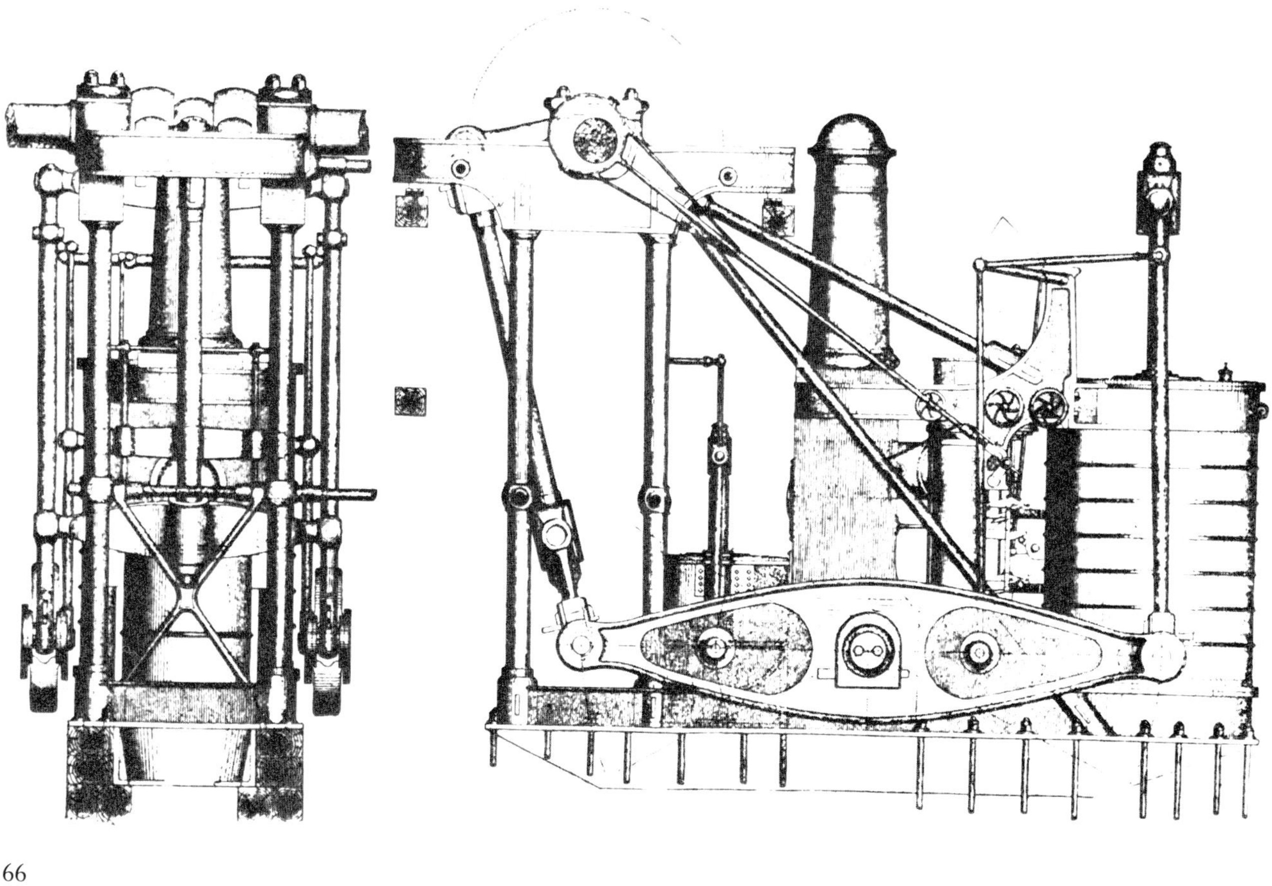

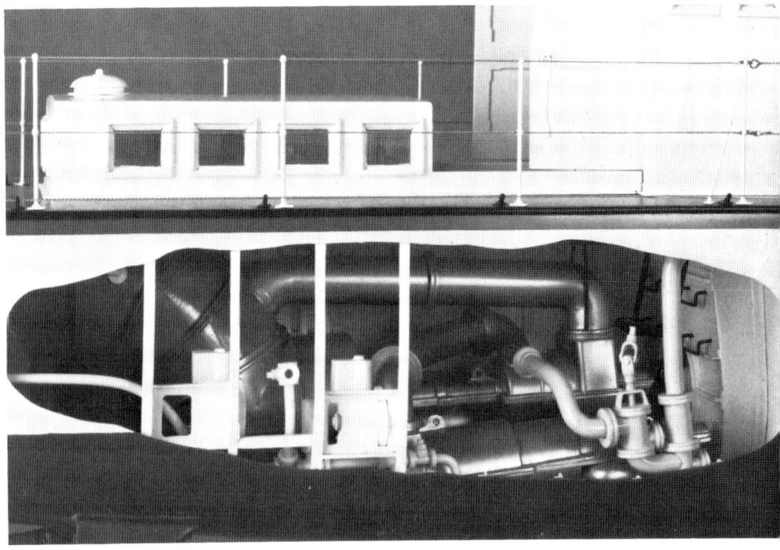

Oben: Aufgeschnittenes Modell mit Blick in den Maschinenraum der Turbinenjacht »Turbinia« von Sir Charles Parsons.

Unten: Der erste Vergnügungsdampfer der Welt, die »Auguste Victoria« der »Hapag«, war mit einer 3-fach Expansionsmaschine ausgerüstet.

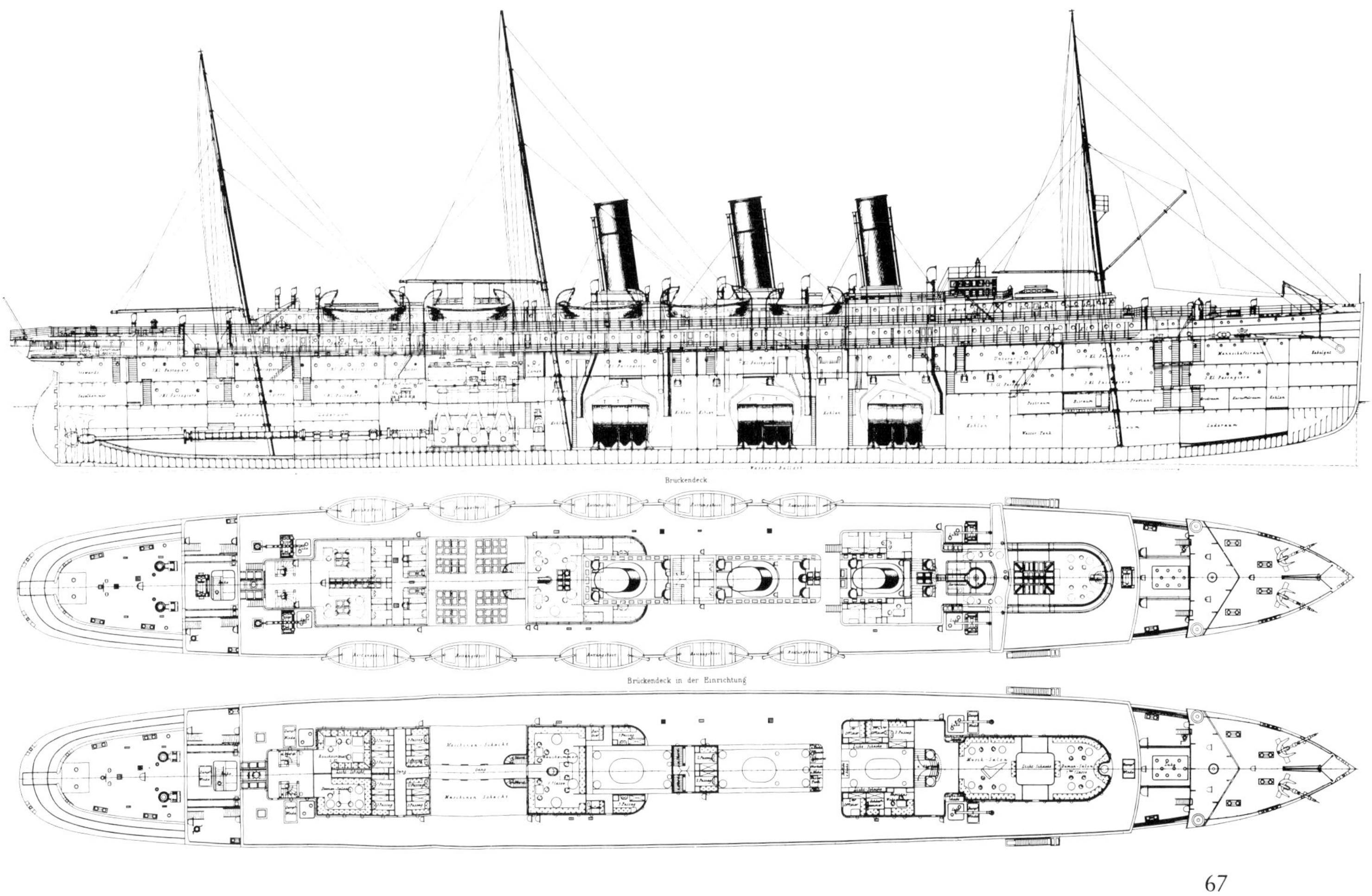

Materialspannungen, was zu Brüchen führen konnte. Man mußte deshalb die Schottischen Kessel etwa 12 Stunden vorheizen, um den erwünschten Betriebsdruck zu erreichen. Für die Marinen war das nicht möglich. Die Alternative bot der Wasserrohrkessel. Bereits 1804 hatte Stevens Kessel gebaut, die nach dem Prinzip der Wärmeübertragung durch Verdampfung des Wassers in den Rohren, die vom Verbrennungsvorgang umgeben waren, arbeiteten. 1848 wurde dieser Kesseltyp von dem Franzosen J. Belleville weiterentwickelt und in der zweiten Hälfte des 19. Jahrhunderts vor allem auf den großen Kriegsschiffen eingebaut. Außer seiner forcierten Wärmeübertragung bot der Wasserrohrkessel noch einen zweiten Vorteil. Er konnte mit einem Betriebsdruck zwischen 13 und 20 at gefahren werden. Etwas abgewandelt und mit leichteren Rohren versehen konnte dieser Kesseltyp später auch auf kleineren Schiffen eingesetzt werden. Er erlaubte zum Schluß eine Drucksteigerung auf 58 at. Wie wichtig die hinter der Dampfmaschine herhinkende Entwicklung besserer Kesselanlagen für den Dampfantrieb insgesamt war, zeigt die Geschichte der Dreifach-Expansionsmaschine für Hoch-, Mittel- und Niederdruck. 1874 von A.C. Kirk entwickelt, konnte sie erst nach 1881 eingesetzt werden, da die bis dahin gebauten Kessel nicht genügend Dampfdruck erzeugten.

Die eindrucksvollen Geschwindigkeiten der großen Atlantikliner waren aber nur mit einem Antrieb zu erreichen, der die erzeugte Dampfenergie unmittelbar in Drehbewegungen umsetzte, der Turbine. Ihr geschichtlicher Vorläufer ist der 4000 Jahre alte Heronsball, und im Jahre 1629 baute Giovanni Branca eine Maschine, die von einem mit Dampfstrahl bewegten Schaufelrad angetrieben wurde. 250 Jahre später experimentierte in Schweden Carl Gustav Patrick de Laval mit Strömungsmaschinen. 1883 baute er eine Dampf-Gleichdruckturbine, mit 30.000 U/min, die aber vorerst nicht mit den erheblich langsameren Schiffswellen gekoppelt werden konnte. Zoelly und Curtiss unternahmen ebenfalls Versuche, Schiffe mit Turbinen anzutreiben, doch erst auf der Dampfjacht »Turbinia« von Sir Charles Parsons konnte Lavals Erfindung praktisch verwertet werden. 1894 baute Parsons in ein 44,5 Tonnen kleines Vergnügungsfahrzeug eine 980 PS Turbine mit 2.200 U/min. 1897 wurde das Fahrzeug bei der Flottenparade vor Spithead vorgeführt. Es erstaunte mit der Rekordgeschwindigkeit von 34,5 Knoten. Diesmal kannte die englische Marine kein Zögern. Schon im nächsten Jahr ließ sie auf der Hawthorn-Leslie Werft den 336 Tonnen Torpedozerstörer »Viper« auf Kiel legen, der mit seiner Dampfturbine 37 Knoten erreichte. Ein düsteres Kapitel in der Geschichte der Dampfschiffahrt sind die Kesselexplosionen, die in den Anfangsjahren recht häufig vorkamen und meistens Todesopfer forderten. Den traurigen Rekord hielten die amerikanischen Flußdampfer, auf denen bevorzugt Dampfmaschinen ohne Kondensator mit 7 – 8 at Betriebsdruck eingesetzt wurden. »Wie kommt es, daß an Bord amerikanischer Dampfer innerhalb eines Jahres mehr Menschenleben verlorengehen als an Bord englischer Dampfschiffe in zehn Jahren?« fragte 1833 eine amerikanische Zeitung. Es lag weniger an den sehr strengen englischen Vorschriften für den Betrieb von Kesselanlagen als an den Hochdruckkesseln, die sich wegen der mit ihnen erreichbaren Geschwindigkeiten und ihrer Unkompliziertheit erfolgreich der Einführung von Niederdruckanlagen auf den Flüssen widersetzten.

Aus Gründen der Wirtschaftlichkeit wurden die Kessel im wahrsten Sinne des Wortes oft bis zum Bersten geheizt und die jeden Monat notwendigen, aber auch sehr aufwendigen Inspektionen unterlassen. In einem Bericht der »Hartford Dampfkessel Inspektions- und Versicherungsgesellschaft«, die im Januar 1871 auf 522 Inspektionsreisen 1.030 Kessel untersuchte, liest sich das folgendermaßen: »In einem Röhrenkessel wurden am hinteren Ende Ablagerungen gefunden, 20 cm tief und nach vorn mehr als 1,20 m lang. Es schien eine Ansammlung von zusammengeklumpten, spitzen Kesselsteinen zu sein, so daß es notwendig war, sie zuerst mit Hammer und Meißel abzuklopfen, bevor sie entfernt werden konnten. Der Ingenieur meinte dazu, daß er den Kessel erst vor drei Tagen gereinigt habe und eine weitere Inspektion nicht notwendig sei. Dies ist einer der vielen immer wiederkehrenden Fälle ...« Und weiter: »Zwei Ingenieure wurden in betrunkenem Zustand im Dienst angetroffen und sofort entlassen. Insgesamt ereigneten sich in diesem Monat 9 schwere Explosionen, bei denen 99 Menschen getötet und 6 verletzt wurden. 87 Todesopfer waren Passagiere des Unglücksdampfers »H.R. Arthur«, der auf dem Mississippi eingesetzt war. Viele sind ertrunken und einige verbrannt. Die Ursache des Unglücks ist in dem schlechten Zustand der Kessel zu suchen, der wegen nachlässiger Wartung nicht entdeckt wurde. Die Oberdecks und der Bug des Bootes wurden bei der Kesselexplosion einfach weggesprengt, und, damit der Schrecken auch kein Ende hatte, brannte das, was übrig geblieben war, völlig aus.«

Für die Verwendung bestimmter Brennstoffe galt die einfache Regel: Was billig und bequem zu beschaffen war, wurde verfeuert. Und die Ahnväter der Kessel waren nicht wählerisch. Ganz zu Anfang war es vor allem Holz, das aber bald von der Steinkohle abgelöst wurde, d.h. dort, wo sie vorhanden war. In den holzreichen Gebieten der USA und Kanadas hielt sich die Holzfeuerung bis in die achtziger Jahre. Vor allem aus zwei Gründen: Zum einen waren an den Flußufern genügend Wälder, so daß der Brennstoffvorrat bei Bedarf ohne große Schwierigkeiten unterwegs erneuert werden konnte, zum anderen durften die Flußschiffe nur geringen Tiefgang haben, Kohle als Brennstoff war mithin zu schwer. Etwa ab 1850 wurden auch Versuche mit Steinkohlenfeuerung unternommen, aber meist nur in Verbindung mit Holz. Eines der ersten Schiffe, das ausschließlich mit Kohle betrieben wurde, war die »Chancellor Livingstone«. Die »Savannah« hatte auf ihrer Reise nach Liverpool 75 Tonnen Steinkohle und 25

Die vielen kleinen Versuchsschiffe aus den Anfangsjahren der Dampfschiffahrt waren oft nicht in der Lage, mit eigenem Antrieb gegen starke Strömungen anzukommen. Die Dampfmaschinen waren noch zu schwach und zu langsam, die Antriebstechnik unausgereift.

Klafter Kiefernholz geladen. In den Niederlanden wurde der Kohle gepresster Torf als billiger Brennstoff beigemischt, in England dagegen, das reiche Kohlevorkommen hatte, wurden die Kessel von Anfang an nur mit Kohle geheizt.

1841 erhielt ein gewisser Grant ein Patent auf einen Brennstoff, der aus Kohlenstaub und anderen Bestandteilen zu Ziegeln gepresst wurde. Grants Feuermaterial hatte nicht nur den Vorteil, daß der thermische Nutzeffekt etwa 30 % höher war als der von Steinkohle, sondern es nahm auch in den Bunkern 20 % weniger Platz ein, war außerdem billiger, brannte besser, hinterließ kaum Schlacke, verursachte weniger Rauch und weniger Schmutz. Auch die Gefahr der Selbstentzündung war geringer – eine Gefahr, die bei schwelenden Kohlebunkern in den meisten Fällen zur Aufgabe des Schiffes führte.

Mit der Einführung der Ölfeuerung in den 90er Jahren des letzten Jahrhunderts wurde es möglich, das Feuer genau zu regulieren, und die tragischen Figuren der »Schwarzen Bande« gehörten der Vergangenheit an. Schon 1834 hatte John Bourne seine Dampfer mit großem Erfolg durch Teersubstanzen in Fahrt gehalten, und 1868 machte der englische Kapitän zur See J.H. Selwyn den Vorschlag, zum Feuern der Dampfschiffe die aus Buchenholzteer gewonnene ölartige Flüssigkeit Keosot zu verwenden, da sie billiger als Steinkohle sei und im Falle eines Feuers leicht über Bord zu pumpen wäre. 1897 wurde das erste Schiff mit Ölfeuerung in Betrieb genommen, der russische Zerstörer »Wiborg«.

Die Antriebstechnik

Als die ersten Dampfschiffe zu Wasser gelassen wurden, war die Anwendung von Schaufelrädern nicht neu. Für sicher überliefert gilt, daß 263 v.Chr. der römische Konsul Appius Claudius schon Versuche mit Schiffen durchführen ließ, die mittels handgetriebener Paddelräder bewegt wurden, und in einer Abhandlung über Schiffsbau entwarf Vitruvius im 1. Jahrhundert v.Chr. durch Menschen oder Tiere anzutreibende Schaufelräder. In China wurden seit dem 8. Jahrhundert Dschunken mit einem oder mehreren Schaufelrädern an der Seite gebaut, die von Sklaven in der Tretmühle gedreht wurden. Als im April 1830 die »Forbes« als erstes Dampfschiff in China anlegte, zeigten sich die Chinesen über die Schaufelräder wenig überrascht.Sie waren ihnen sehr wohl bekannt, nur seit über 300 Jahren nicht mehr gebräuchlich. Dies ist um so erstaunlicher, als in Europa im 15. Jahrhundert der Schaufelradantrieb sozusagen »neu entdeckt« wurde. Am erfolgversprechendsten schien er bei von der Flut stromaufwärts getragenen Booten. Um 1500 beschäftigte sich auch Leonardo da Vinci mit verschiedenen Projekten von Schaufelradschiffen. Er entwarf Boote mit pedalbetriebenen Rädern.

Am 7. Juli 1543 unternahm Blasco de Garay mit dem Schiff »Trinidad« im Hafen von Barcelona eine Probefahrt, bei der weder Segel noch Riemen benutzt wurden. An beiden Seiten des Rumpfes waren Schaufelrä-

Nicht selten waren Explosionen von Kesselanlagen, die meistens Todesopfer forderten. Auch die »Great Eastern« blieb davon nicht verschont. Das Foto zeigt die Mannschaft, die nach einer Explosion um den zerstörten Schornstein steht.

der angebracht, die mit der Muskelkraft von 25 Männern dem Schiff die ansehnliche Geschwindigkeit von nicht ganz 3 Knoten verliehen haben sollen. Ehe sich jedoch das erste Dampfschiff in Bewegung setzen konnte, wurde noch eine Menge der buntesten Ideen geboren. Die Skala der Vorschläge reichte von Klauen, die sich in den Grund krallen sollten, bis zu Schiffen mit Windmühlenantrieb, mechanisch bewegten Paddeln an Scharnieren, Gangspills für Muskelkraftübertragung und Göpel für Ochsen und Pferde als Arbeitstiere an Bord.

Mit Anwendung der Dampfkraft zeigten sich an den bis dahin konstruierten Schaufelrädern zwei entscheidende Schwächen. Feststehende Schaufelblätter konnten nur in vertikaler Eintauchstellung die optimale Antriebskraft entfalten, wogegen die Austauchphase oft Gegenkräfte verursachte, die die Geschwindigkeit des Schiffes empfindlich mindern konnte. Tauchte das Rad außerdem zu tief ein, beschränkte sich die Kraftumwandlung aufs Wasserschlagen. Während sich diese Kinderkrankheiten 1829 mit der Erfindung der beweglichen Schaufeln, die beim gesamten Eintauchvorgang mit Hilfe von Nockenwelle und Gestänge senkrecht gehalten wurden, bewältigen ließ, war ein anderes Problem dieser Antriebsart immanent und nicht lösbar. Bei starken Schlingerbewegungen auf schwerer See konnte es vorkommen, daß das eine Rad bis zur Achse eintauchte, während das andere in der Luft drehte und sich das Schiff wie bei einem einseitig geführten Paddel verhielt. In krassen Fällen führte dies zur zeitweiligen Manövrierunfähigkeit.

Im Lauf der Jahre waren viele damit beschäftigt, den

Wirkungsgrad der Schaufelräder zu verbessern. Field konstruierte einen Radtyp, der die Abtrift der Schiffe verringerte und höhere Geschwindigkeiten bei gleichzeitiger Senkung der Maschinendrehzahl entwickelte, was den Kohleverbrauch etwas senkte. Er wurde vor allem auf Kriegsschiffen verwendet, auch die »Great Western« war mit Field-Rädern ausgerüstet. Perkins erhielt ein Patent auf ein Schaufelrad mit nach achtern schrägstehenden Achsen, dessen Blätter in einem Winkel von 45 Grad zur Achse standen, andere Räder hatten in der Breite variierbare Schaufeln oder sogar einen veränderbaren Durchmesser. Diese Räder bewährten sich vor allem bei gleichzeitig eingesetzten Segeln durch Ausgleich der Abtrift.

Außer mit Schaufelrädern wurden noch Versuche mit Paddeln und mit der Rückstoßtechnik per Wasserstrahl unternommen, die aber alle wenig wirkungsvoll waren und sehr bald aufgegeben wurden. Die entscheidende Neuerung war die Erfindung der Schiffsschraube. Schon im 18. Jahrhundert hielten weitsichtige Köpfe den Schraubenpropeller den leicht zerbrechlichen Schaufelrädern überlegen, doch erst die Experimente des österreichischen Forstbeamten Joseph Ressel lieferten brauchbare Resultate. 1812 entwarf er eine zweiflügelige Schraube, die er bis 1826 so weit verbessert hatte, daß er sie in einem von zwei Mann angetriebenen Boot erproben konnte. Ein Jahr später erhielt er das Patent auf seine Erfindung, und 1829 baute er mit dem Triester

Die Teilansicht eines Modells der »Charlotte Dundas« zeigt ihre Dampfmaschine mit liegendem Zylinder. Das Schaufelrad wird über eine Pleuelstange angetrieben.

Folgende Seite: Ex Voto Tafel mit einem Seitenraddampfer, der in schwerer See manövrierunfähig geworden ist. Ein Rad dreht wirkungslos in der Luft.

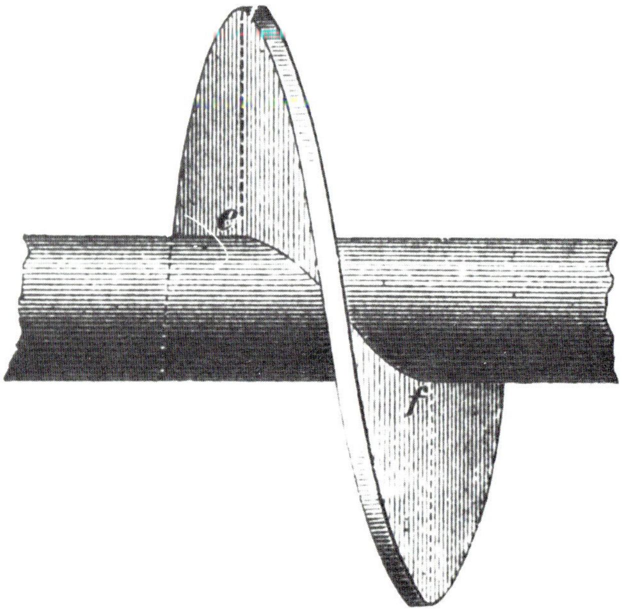

Oben: Erste Form der Schiffsschraube nach F.P. Smith, wie sie 1839 konstruiert und an Bord der »Archimedes« installiert wurde.

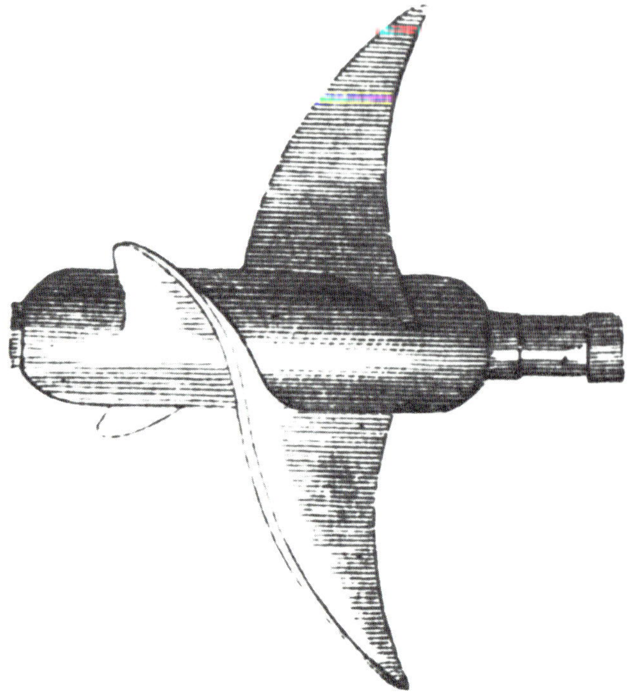

Rechts: Doppelgängige Schiffsschraube in Fischschwanzform nach Rennie.

Unten: Viergängiger Schiffspropeller in Fischschwanzform.

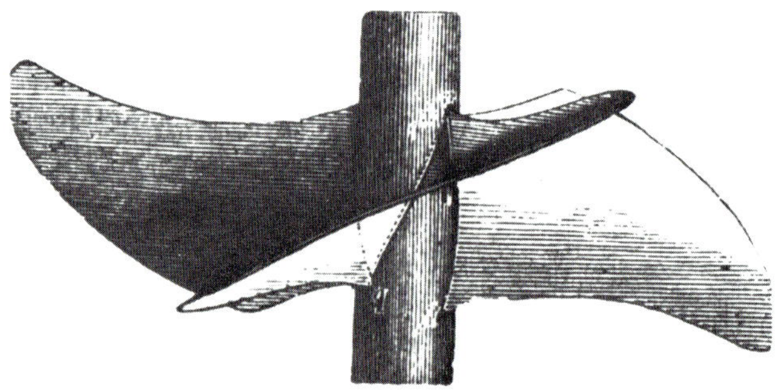

Unten eine viergängige Schraube wie sie an Bord der »Great Britain« installiert war.

Geschäftsmann Fonatana die Brigg »Civetta«, die mit einer Watt'schen 6-PS-Maschine und einer Schraube von 46 cm Durchmesser ausgerüstet war. Die Probefahrt mußte nach wenigen Minuten abgebrochen werden, da die mit Weichlot verbundenen Teile der Dampfleitung zu schmelzen begannen und das Schiff zu explodieren drohte.

Zehn Jahre nach Ressels erstem Versuch ließ sich der Engländer F. Petitt Smith eine hölzerne Schraube patentieren, die die Form eines Korkenziehers hatte. Auf der Erprobungsfahrt seines Schiffes brach bei einem Unfall die halbe Schraube ab. Die Wirkung dieses Stummels war verblüffend. Anstatt nun langsamer zu fahren oder gar stehen zu bleiben, legte das Schiff an Geschwindigkeit zu. Durch einen kleinen Zufall war die Urform der modernen Schiffsschraube gefunden worden.

Auch John Ericsson hatte sich mit der Schraube beschäftigt. Nach seinem Versuchsschiff, auf dem er die zweifelnden Lords von Somerset House nach Blackwall und zurück transportiert hatte, baute er die 23 Meter lange »Robert F. Stockton« mit einer verbesserten Ericsson-Schraube. Bei einer Probefahrt auf der Themse fuhr sie 13 Knoten. Im Frühjahr 1839 fuhr Ericsson auf diesem Schiff in 40 Tagen nach Amerika. Es war die erste Atlantiküberquerung mit einem Schraubenschiff. In Amerika wurden nach weiteren Testfahrten einige Verbesserungen angebracht und das Ruder hinter die Schraube verlegt. Als »New Jersey« tat das Schiff noch lange Jahre Dienst auf dem Delaware-Raritan-Kanal.

Ruder und Hintersteven eines Doppelschraubenschnelldampfers im Dock. Die Schrauben haben gewaltige Ausmaße. Nicht selten waren sie im Durchmesser über 4 Meter hoch.

Vor allem im Winter, wenn der Eisgang die Raddampfer in den geschützten Hafen zwang, zeigten sich die Vorteile des neuen Antriebs.

Vom Holz zum Eisen

Dem französischen Seefahrtshistoriker Dolfuss folgend, sind die wichtigsten Etappen der Seefahrtsgeschichte das Steuerruder und der Kompaß sowie die Dampfmaschinen und die Eisenkonstruktionen. Die letzteren erlebten ihre Blüte in England. Der Mangel an Bauholz und die großen Fortschritte in der Eisenmetallurgie legten schon sehr früh die Verwendung von Eisen im Schiffsbau nahe. Die Vorteile, die eiserne Rümpfe gegenüber hölzernen aufwiesen, waren von Anfang an offensichtlich. Sie besaßen eine weitaus größere Festigkeit, nahmen weniger Raum in Anspruch als Holz und hatten ein geringeres Eigengewicht. Bei gleichen Abmessungen war ein hölzerner Schiffsrumpf etwa viermal so schwer. Bald sollte sich auch zeigen, daß mit dem neuen Werkstoff der Größe der Schiffe praktisch keine Grenzen mehr gesetzt waren. Hölzerne Schiffe maßen im Höchstfall 90 Meter, die Länge der Eisenrümpfe wurde dagegen nur durch die Größe der anzulaufenden Häfen beschränkt.

Schon länger war man dazu übergegangen, hölzerne Rümpfe mit Eisen abzustützen oder eiserne Spanten mit hölzernen Planken zu umbauen. Doch das Vertrauen in Schiffe, die ganz aus Eisenplatten gebaut wurden, war im allgemeinen nicht sehr groß. Die Zweifel legten sich erst so nach und nach durch Ereignisse wie den großen Kanalsturm im Jahre 1838. Das einzige Schiff, das die Strandung während des Sturmes völlig unbeschadet überstanden hatte, war der eiserne Dampfer »Gary Owen«. Die anderen Schiffe waren an den Ufern zu Wracks zerschellt. Auch die Geschichte der »Sarah Sands« ist ein Loblied auf die Kunst des Eisenschiffbaus. Im November 1857, mit 380 Soldaten an Bord auf der Reise nach Indien, brach an Bord ein Feuer aus, das erst nach 16 Stunden zu löschen war. Schwer angeschlagen aber immer noch seetüchtig kam sie in einen Sturm, in dem der Maschinenraum voll Wasser lief. Dennoch gelang es dem Schiff, den Hafen von Mauritius zu erreichen, ohne daß ein einziges Menschenleben verloren ging.

Die Entwicklung eines Unterwasserfarbanstriches löste das Problem der Korrosion, und Matthew Flinders, dem Erforscher der australischen Gewässer, und George B. Airy gelang es, die durch einen Eisenrumpf verursachten magnetischen Störungen des Kompasses auszuschalten.

Das erste bekannte Eisenschiff war ein nur 3,6 Meter langes Boot, das 1777 in Yorkshire für den Passagierverkehr auf dem Foss-Fluß gebaut wurde. Das erste Dampfschiff, das ausschließlich aus Eisen gebaut wur-

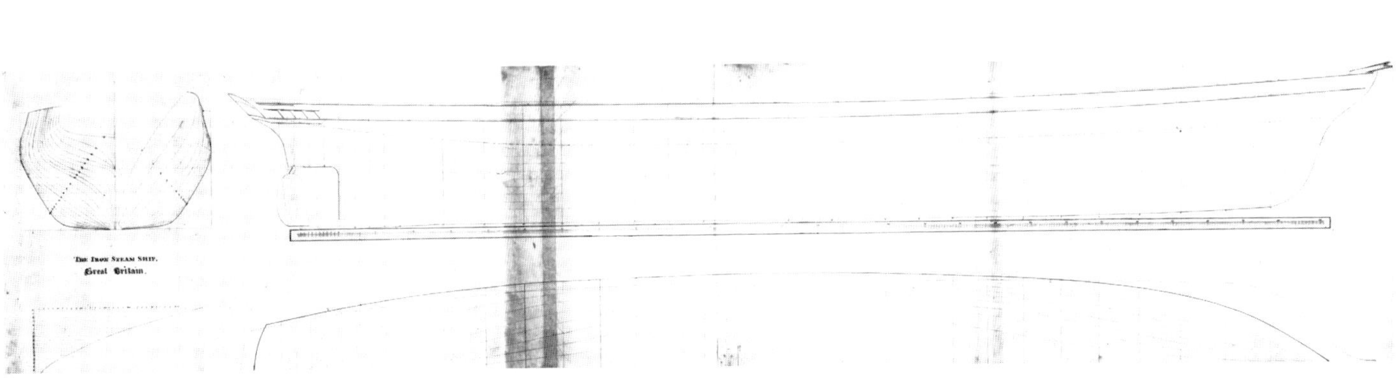

Brunels Konstruktionszeichnungen für den Bau der »Great Britain« mit Eisenrumpf. Das neue Material versprach viele bautechnische Probleme zu lösen.

de, war die »Aaron Manby«. Der Rumpf wurde 1821 von den Horsley-Ironworks gebaut, zerlegt nach London transportiert und in Rotherhithe zusammengesetzt. Die Rumpfplatten waren etwa 6,5 mm dick, der Boden flach und das Heck eckig. Zwischen Maschinen- und Laderaum befanden sich zwei wasserdichte Schotten. Der 14 Meter hohe Schornstein konnte bei Bedarf als Mast verwendet werden, die beiden Schaufelräder mit je vier Armen verliehen dem Schiff eine Geschwindigkeit von 8 bis 9 Knoten. Am 9. Mai 1822 legte die »Aaron Manby« zu ihrer ersten Fahrt auf der Themse ab, später fuhr sie nach Paris und versah bis 1830 auf der Seine, danach auf der Loire Postdampferdienste. Durch den Erfolg des ersten Schiffes angespornt, baute Manby schon 1823 ein zweites Dampfschiff aus Eisen, die »Commerce de Paris«. Die Behörden untersagten diesmal eine Kanalüberquerung, so daß das Schiff erst in Charenton fertig montiert werden konnte.
Auch von Robert Fulton sind Versuche mit Metallschiffen bekannt. Noch in Frankreich baute er aus Kupfer die »Nautilus«, die im Jahre 1801 von Le Havre nach Cherbourg fuhr. Die »Nautilus« war eines der ersten funktionstüchtigen Unterwasserboote, mit dem Fulton bis zu sechsstündige Tauchversuche in 7,5 Meter Wassertiefe unternahm. Für die Überwasserfahrt war sie mit einem Hilfssegel ausgerüstet. Außer Fultons U-Boot wurden auf dem europäischen Festland noch mehrere Schiffe aus Kupfer hergestellt. Aber sie waren in der Herstellung zu teuer und konnten nicht den gleichen Stabilitätswert wie die Eisenkonstruktionen aufweisen.

Das erste Schiff aus Stahl war die 1858 gebaute »Ma Robert«. Die speziell für die Afrika-Expedition von David Livingston gebaute Schaufelradbarkasse wurde in drei Teilen nach Afrika transportiert und auf dem Sambesi zusammengesetzt. In stehendem Wasser kam sie mit annähernd 8 Knoten vorwärts, das reichte jedoch nicht aus, um gegen die Strömung des Flußes anzukommen. »Asthmatic« wurde deshalb ihr liebevoller Spottname. Vom Rost schon reichlich angenagt, lief sie schließlich auf eine Sandbank und wurde aufgegeben.

Fachwortregister

Abdrift – Abweichung eines Fahrzeuges vom vorgesehenen Kurs
abwracken – Abbrechen oder Verschrotten eines Schiffes
achtern – hinten. Oft in Verbindung mit anderen Begriffen wie Achterdeck etc.
Back – erhöhter Aufbau am Bug eines Schiffes
Backbord – in Fahrtrichtung gesehen die linke Seite eines Schiffes
Barbetten – Geschützturm, der die Kanonenrohre außer beim Ladevorgang noch ungeschützt läßt. Wurde für Hinterladerkanonen entwickelt.

Der eiserne Dampfer »Astronom«, 1863 erbaut, war mit Heckschraube und voller Takelage ausgerüstet.

Dampfer wie die »San Nicloas« fuhren um die Jahrhundertwende auf fast allen Überseelinien.

Der Luxusdampfer »George Washington« aus der Flotte des »Norddeutschen Lloyd«.

Der Schraubendampfer »Archimedes« auf der Fahrt von Gravesend nach Portsmouth am 14. Mai 1839. Er legte die Strecke in 21 Stunden bei »einer steifen Brise aus West« zurück. Die »Archimedes« war Brunels Vorbild zum Umbau der »Great Britain«. Mit ihrer 80 PS Maschine erreichte sie bei Vorausfahrt acht Knoten, achteraus zwischen vier und fünf Knoten.

Bordwand – die über die Wasserlinie herausragenden Schiffsseitenwände
Brigg – zweimastiges Segelschiff, an beiden Masten mit Rahen getakelt.
Brücke – Kommandoräume des Schiffes, in dem die Navigationsgeräte untergebracht sind.
Bruttoregistertonnen (BRT) – totaler umbauter Raum eines Schiffes. Mit dieser Größe werden meist Handelsschiffe vermessen.
Bug – Vorderteil des Schiffes
Bunk – Schlafstatt eines Seemanns
Flaute – Windstille
Fregatte – ursprünglich kleine, wendige Schiffe im Mittelmeerraum. Im 18. Jahrhundert Kreuz- und Aufklärungsschiff mit drei vollgetakelten Masten. Im 19. Jahrhundert wurde der Begriff auch auf Handelssegler einer bestimmten Bauart angewandt. Mit Beginn der Dampfschiffahrt übernahm der »Kreuzer« die Aufgaben der Fregatte in den Marinen. Seit 1942 von den Engländern wieder als Kriegsschiffsklasse eingeführt.
Freibord – Höhe des Decks von der Lademarke an
Gangspill – Einrichtung an Bord zum Hieven von schweren Gegenständen. Kann sowohl Hand- oder Dampfwinde sein.
Heck – hinterster Teil eines Schiffes
Kabine – Wohnraum an Bord von Schiffen
Kiel – Rückgrat eines Schiffes, das im Schiffsboden Vorder- und Achtersteven miteinander verbindet und den Spanten Halt gibt
Klipper – Handelsschiff mit drei und mehr hohen Masten in Vollschifftakelage. Romantisches Symbol der ausgehenden Zeit der Segelschiffe.
Knoten – Maßeinheit für die Geschwindigkeit von Schiffen. Entspricht der Anzahl Seemeilen, die pro Stunde zurückgelegt werden.
Korvette – kleineres Dampfschiff mit Rahtakelung im 18. und 19. Jahrhundert
Leichter – kleinere offene Wasserfahrzeuge, meist ohne eigenen Antrieb. Für Transporte im Hafen oder von Schiff zu Schiff.

Rah – zylindrisches Querspier am Mast, an dem die Segel angeschlagen werden. Aus Holz oder Eisen.
Reeling – Einfassung des offenen Decks
Riemen – Rundholz zum vorwärtsbewegen eines Ruderbootes
Ruder – Sammelbezeichnung für alle zum Steuern eines Schiffes notwendigen mechanischen Einrichtungen
Schanzkleid – Wetterschutz gegen überkommendes Spritzwasser
Schoner – Fahrzeug mit zwei oder mehr Masten, die mit Gaffel- oder Spitzsegeln getakelt sind
Schott – Zwischenwand im Schiffsrumpf zur Unterteilung
Seemeile = 1852 m
Spanten – hölzerne oder eiserne Rippen des Schiffsrumpfes
Steuerbord – rechte Seite eines Schiffes
Steven – vorderster oder hinterster Teil eines Schiffes
Takelage – umfaßt alle Taue usw., die zur Befestigung der Masten und Rahen eines Segelschiffes angebracht sind
Takelung – unterschiedliche Art der Besegelung eines Schiffes
Tonnage – Maßeinheit für Schiffe. Drückt das Verhältnis zwischen Rauminhalt und Ladevermögen aus.
Trajektschiff – breites, pontonartiges Schiff, hauptsächlich für Gütertransport oder Fährdienst
Treideln – Schleppen von Fahrzeugen gegen die Strömung per Seil vom Ufer aus durch Mensch oder Tier
Trosse – starke Taue
Wasserlinie – die Linie an der Bordwand, bis zu der ein Schiff je nach Ladung eintaucht

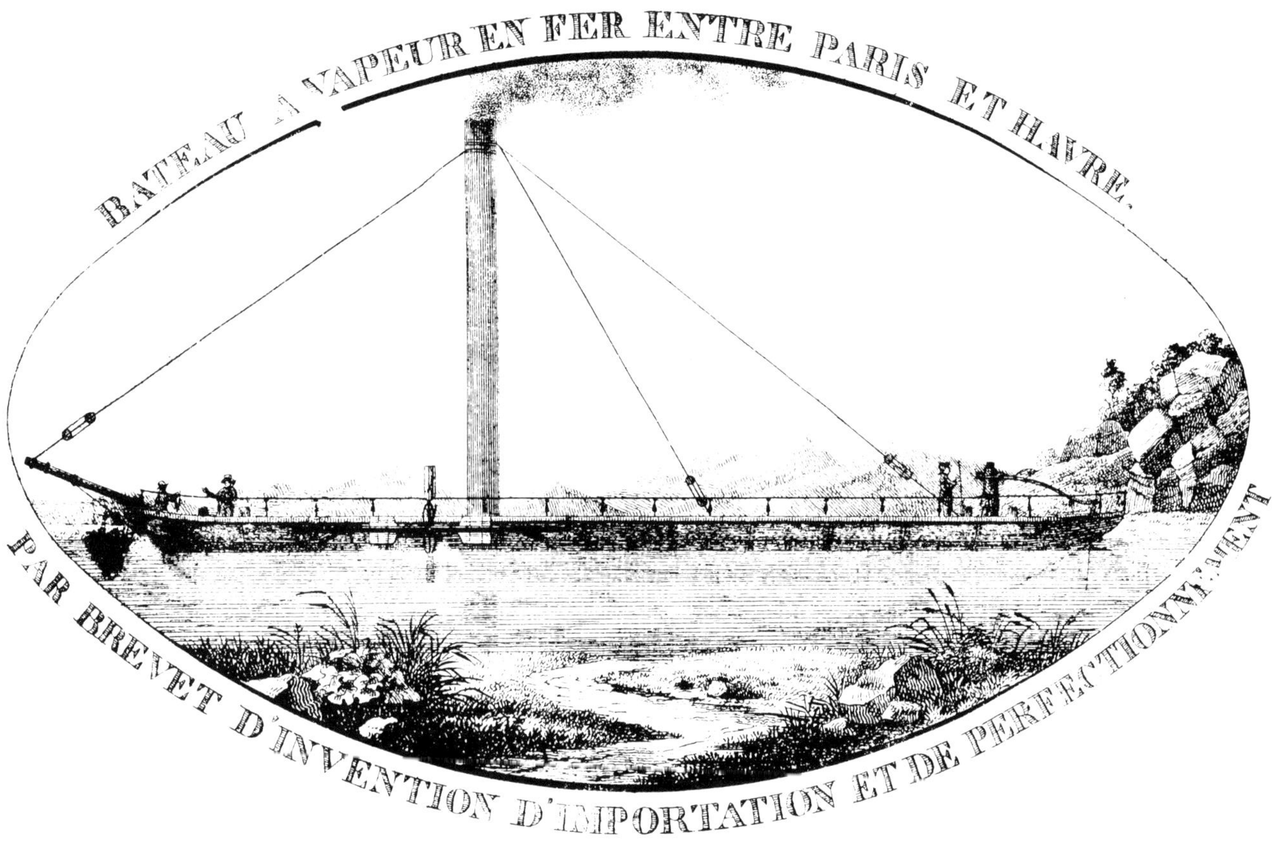

»Das eiserne Dampfschiff zwischen Paris und Le Havre. Ein wichtiges Zeugnis von Erfindungsgeist und Perfektion«. Die zeitgenössische Darstellung zeigt die »Aaron Manby«, das erste eiserne Dampfschiff der Welt. Unter dem Kommando des späteren Admirals Charles Napier fuhr sie im Jahre 1822 über den Kanal nach Frankreich. Am 10. Juni legte sie in Paris an. Danach war die »Aaron Manby« über 33 Jahre erfolgreich im Postdampferdienst eingesetzt.

Nachwort

Es hat erstaunlich lange gedauert, bis das Dampfschiff das Segelschiff verdrängt hatte. Im Jahre 1876, als der Welthandel sprunghaft am Ansteigen war, bestanden nur 12,5% der Welttonage aus Dampfschiffen. Erst 9 Jahre später übertraf in England die Dampfschifftonnage die Segelschifftonnage um 626.858 Tonnen. In diesen Jahren erreichten die Dampfschiffe Zuwachsraten

Die 52.117 BRT große und 277 Meter lange »Imperator« von der »Vulcan-Werft« hatte 1.180 Mann Besatzung und gehörte mit zu den größten Passagierschiffen unter deutscher Flagge. Das Segelschiff »Deutschland« wirkt daneben wie eine kleine Nußschale. Dieses Verhältnis entspricht auch der Rolle, die die Dampfer den Segelschiffen zuwiesen, nachdem sie ihren Siegeszug auf allen Meeren angetreten hatten.

von über 60% und wickelten bereits 4/5 des Welthandels ab. Anfang der 20er Jahre unseres Jahrhunderts erreichte die Dampfschiffahrt schließlich ihren Höhepunkt. Seither nahm sie zugunsten des Dieselmotors kontinuierlich ab.

Eine Renaissance versprach man sich von mit Atomenergie betriebenen Dampfturbinen, wie sie 16 Jahre nach der Entdeckung der Kernspaltung durch Otto Hahn zum erstenmal in das amerikanische U-Boot »Nautilus« eingebaut wurden. Ihm folgten der russische Eisbrecher »Lenin«, das erste atombetriebene Handelsschiff der Welt, die »Savannah«, und das deutsche Versuchsschiff »Otto Hahn«. Trotz vieler zunächst augenscheinlicher Vorteile der neuen Technologie stellte sich relativ bald heraus, daß Dampfturbinen mit Atomantrieb nur militärisch einsetzbar sind, da sie in der Handelsschiffahrt zu kostspielig sind und nur mit Subventionen betrieben werden können. Unter diesen Gesichtspunkt fällt auch die Tatsache, daß Schiffe mit Atomreaktoren an Bord bei Überalterung nicht einfach zum Verschrotten verkauft werden können, sondern unter besonderen Sicherheitsvorkehrungen und mit erheblichem Kostenaufwand demontiert werden müssen. Zum anderen sind die möglichen Gefahren der Atomenergie noch nicht ausdiskutiert. Symptomatisch dafür mag immer noch der Zwischenfall sein, als vor ein paar Jahren eine europäische Hauptstadt keinen Besuch amerikanischer Atom-U-Boote in ihren Hafenanlagen wünschte, da die Gefahr der Strahlenbelastung für die Bevölkerung nicht geklärt sei.